いらない課長、すごい課長

新井健一

日経プレミアシリーズ

はじめに――「課長」が危ない

「お久しぶりです。高校で一緒だったS・Aです。唐突に申し訳ないが、人事コンサルタントの君に、今、自分が置かれている立場を教えてもらいたいのです。実は現在、早期退職の判断を迫られていて……」

この原稿を執筆していた当時（2015年12月）、旧知の友人（以降、仮名S・Aとする）からメールを受け取った。

実に20年ぶりのことなので、彼は筆者のメールアドレスを知らず、弊社のインフォメール宛にメールを送ってきた。拙著をアマゾンドットコムで見つけて連絡を取ろうと考えたそうだ。

彼は誰もが知る大企業でエンジニアをしている課長職である。所属する事業の業績悪化を受けてリストラを勧告されており、人事コンサルタントである筆者にアドバイスを求めたいとのことだった。

彼は転職歴もなく、自分の先輩や部下が職場から次々と消え、さらには自分が同じ釜の飯を食ってきた仲間から非情な勧告を受けて大変に動揺していた。まさかの事態を想定したことがなかったのだ。

さて、本書では主たる読者層を30代から40代、「課長」職あるいはその前段階にいるサラリーマンと想定しているが、そのような読者に、ここで質問をしたい。

□社外に仕事や転職の相談ができる友人がいない
□キャリアカウンセリングを受けたことがない
□転職エージェントと付き合いがない

これらの質問のすべてがイエス（友人はかろうじて2つのみイエスだった）であれば、将来のキャリアリスクに対する備えをすぐにはじめるべきだと筆者は考える。

友人に降りかかった災難は、企業に勤める「課長」前後のサラリーマンにとって、決して対岸の火事ではないからだ。

課長クラスで悩みを抱えていない会社員はいない

職場で日々山積する問題への対処に、まったく悩んでいないという課長はいないはずだ。例えばこんな問題だ。経営層、部長層からのさまざまな要求やプレッシャー、目標管理や人事評価に対する部下からの不満や突き上げ、コミュニケーションの齟齬、やる気のない部下やできない部下の指導・対処、成果主義のもとで重苦しくギスギスした職場、メンタル不全、ハラスメント、優秀な部下の離職など、数え上げたらキリがないであろう。

だが、はじめに言ってしまおう。

現状において、経営から職場を任された課長では、当の職場の問題を解決することはできない。

なぜだろうか？　その理由を知る手がかりとして以下の調査データを見てほしい。

課長層に対する能力開発ニーズ：特に強化すべき能力・知識（複数回答）

第1位　部下を育成する力　76・5％
第2位　職場の課題を形成する力　58・5％

第3位　労務管理に関する知識　47・5%

これは課に相当する職場において、その長（課長）に求められる能力のトップ3である。ということは、課内で起こり得る問題とその解決策は、これらの能力の周辺にあると考えられているということだ。

だが、本当にそうであろうか？

実は課長を悩ませる憂鬱な問題は、それぞれがバラバラに発生しているわけではなく、その会社の経営管理や人事管理に内在する構造的な欠陥に起因することもよくある。

もちろん、課長が部下の育成能力や労務管理の知識を用いて、職場に蔓延する個別の問題に対処することも大切だ。

しかしながら、それだけでは不十分であり、真の問題解決が進まず泥沼にはまることも多い。本来、課長は問題解決のプロフェッショナルでなければならないのであるから、目先の事象にとらわれず、職場の構造的な問題に光を当てて解決に向かうことで、はじめてその役割を果たすことができるのである。

なぜ今までのやり方で職場の問題が解決されないのか

ではどうすれば、職場にある真の問題をとらえ、解決することができるのか。
課長は、例えば部長層に求められる、より高度な能力を身につければよいのか？
ここで、部長に対する能力開発ニーズを押さえておきたい。

部長層に対する能力開発ニーズ：特に強化すべき能力・知識（複数回答）

第1位　戦略的にものごとを考える力　64・5％
第2位　職場の構想（ミッションやビジョン）を描く力　62・5％
第3位　経営戦略／マーケティングに関する知識　56・0％

（『月刊人事労務』（2012年8月号）「次世代リーダー育成の実態」より）

部長の強化すべき能力・知識は、課長のそれに比べて経営の全体像に密接に関連する、と言えないであろうか。課長は経営の全体像を俯瞰する能力を身につければ、職場の病が根治するのか？

それも違う、と筆者は考える。

まずは課長の能力云々よりも、職場のマネジメントにあたる際の心構えを変えなければならない。

どういうことか？

日本企業において、職場のマネジメントや問題解決の多くは〝共通の利害を前提として情緒的〟に行われてきた。さらに、これまで多くの課長を観察してきた経験から言えば、欧米企業のマネジャーに比べると、職場のマネジメントが〝我流〟で行われていることが分かる。それは例えば部下とのコミュニケーションにおいて、会議の進め方において、はたまた仕事の与え方や評価においてなど、あらゆる場面で指摘することができるのだ。

課長に必要なのはMBA知識より「課長スキル」

確かに、これまでのように日本人、新卒採用、男性、生え抜きの役職者が同じ釜の飯を食う画一性の高い職場では、そのようなマネジメントもある程度有効だったのかもしれない。

しかし、時代は変わった。これからはもっと変わる。

外国人、キャリア採用、女性、外部からの抜擢、シルバー世代の活用など、一言でいえば、職場は多様なバックグラウンド、多様な価値観、多様な労働観、そして多様な働き方をする社員に入れ替わるのだ。

そのため、今後はますます、かつての「企業戦士」などという言葉をマネジメントに持ち込むのはタブーとなることはもちろん、同じ職場で働く多様な（異なる雇用区分、また同一雇用区分でも異なる働き方をしている）メンバー間の不公平感や軋轢を回避する基準と根拠を示せない、説明責任を果たせないマネジメントもアウトだ。

そんな時代に必要なマネジメント、問題解決とはどのように行われるべきか。

それは共通の利害が存在しないことを前提として、職場の問題を〝技術的〟に解決していこうとする心構え、そして能力だ。ここでいう〝技術的〟とは、誰もが一定の訓練により習得し、活用することができる一連の知識・スキル体系である。

では、一連の知識・スキル体系とは何か？

それは、経営大学院の提示するカリキュラムのようなものでは決してないはずだ。

本書はＭＢＡの取得を否定するものではまったくないが、課長が単にＭＢＡの知識を振りかざしても〝あいつは分かっていない〟と職場に受け入れられないことは、容易にご理解いただけるだろう。

それに今後は、ＭＢＡが提示するような知識体系を介して職場の問題を議論するほど、会社や仕事そのものにコミットメントしていない社員もマネジメントしなければならないのだ。

「課長であるというリスク」をどう克服するか

そして別の角度からもう一つ。

課長という役職は、企業において最もキャリアリスクにさらされていると考えていただきたい。これからの日本企業は政策的な要請を受けて、ますます退職年齢を延長し、シルバー世代を雇用しつづけ、その一方で将来を担う新卒の採用も継続する。組織の活性化、新陳代謝も必要だからだ。

今後は好調な業績を維持しつつ、その一方でリストラ施策を講じ続ける企業も珍しくはなくなるだろう。そんなリストラ施策のターゲットになるのは、非労働組合員で報酬水準の高い課長だ。

幸い現在の転職市場において、従来からある〝職種〟に対する求人とともに、課長、部長など

〝役職〟に対する求人も増えてきた。だが、今いる会社でしか通用しないマネジメント能力ではお話にならない。実際、鳴り物入りで転職したが、新たな職場で実力を発揮することができない課長をたくさん見てきた。

今後ますます多様性を増す職場において、また課長というキャリアリスクをヘッジする意味でも、課長はプロフェッショナル課長にならなければならないのだ。

いずれにせよ、課長というスキルは今後ますます市場価値と結びついて語られなければならないし、市場価値を意識しながら課長職を勤め上げる発想がなければ、ある日突然、家族を路頭に迷わせるリスクに直面する。

本書では、職場に山積する問題に対処しなければならない課長クラスのビジネスパーソンを対象に、職場で実際に起こり得る問題を想定しながら、なぜ課長は職場のマネジメントや問題解決に失敗して泥沼にはまるのか、そこにある真の問題はどうすればとらえられるのか、抜本的な問題解決にどう取り組めばよいのかなどを明らかにする。そして、多くの企業において課長のマネジメント、問題解決を観察してきた知見を活かし、職場のマネジメント、問題解決に必要なプロフェッショナル課長のための知識・スキルを解説する。

目次

第2章

なぜ問題解決に失敗するか

高度化する課長の仕事

部長が残業中だと帰れない課長、平気で帰る一般社員

「課」のマネジメントが「部」のそれよりも難しいのはなぜか

男性は女性社員に対して沈黙しておいたほうが良い時も多い？

ライン課長に部長の能力が求められるか

営業課長が重視すべきは「売上」か「利益額」か

その課に応じた「適切なモノサシ」をあてがう力が問われる

使えない課長ほど、思い込みで自分流のモノサシをあてがう

離職率が高すぎる営業部、あなたが課長ならどうするか

「プロフェッショナル課長」が求められる時代

リストラ勧告された課長が後悔する「しくじり」

課長は部下のプライベートを把握するべきか

職場を技術的にマネジメントする「緑の血」課長のキラーフレーズ

第3章 すごい課長の職場の空気づくり

まとまり感を高める技術

「いらない課長」はこうして生まれる

課長の受難を分析する

第1章

ベンツにも乗れない、通過地点にもならない、今の「課長」

そもそも課長とは何者なのか？　簡単に言えば、経営基幹職（幹部）への仲間入りを果たした社員のことである。ひと世代前のサラリーマンは、せめて課長にはなりたいと昼夜を問わず働く企業戦士としてがんばってきた。ご子息の結婚式で、せめて課長の肩書がないと体裁が悪いという雰囲気もあった。また、筆者が新人だった当時の課長が「課長になればベンツに乗れるんやでー」と激励してくれたことを覚えている（ちなみにゆとり世代にとって、ベンツの所有は激励にならない）。

そして課長は、更に上位のポストである部長になるための通過地点だったのである。

だが今は事情が違う。

多くの企業は、国内市場の縮小やグローバルな競争の激化を受けて、社内のポストを減らしてきている。統計によれば、社員数が概ね1000人以上の会社では8人に1人しか課長になれない。

課長の割合：12・2％（おおよそ8人に1人）

現状は、せめて課長にもなれないサラリーマンばかりになっているのだ（詳細は、拙著『日系・外資系一流企業の元人事マンです。じつは入社時点であなたのキャリアパスはほぼ会社によって決められていますが、それでも幸せなビジネスライフの送り方を提案しましょう。』（すばる舎リンケージ）をご参照いただきたい）。

課長はなぜロールモデルを見失っているか

そんな中、仮に課長になれたとしても、いくつか難しい問題に直面することになる。

これまで見てきた難しい問題の典型的な例は、プレーヤーとしての能力を買われて課長にはなったが、マネジャーとしての能力が備わっていない、もしくは部下とのコミュニケーションや人間関係の調整が苦手であるというケースだった。特にエンジニアとして黙々と実務をこなし、その働きぶりを認められて課長になったが、課員を動機付けたり、叱咤激励したり、評価したりということに多大なストレスを感じる者はけっこう多い。

他にも自分がプレーヤーとして仕事ができたため、部下に仕事を任せられずに抱え込んでしまう、自分がこなしてきた仕事のレベルを部下にも求めたがる、そうしていつまでも仕事ができるようにならない部下を量産してしまうか、つぶしてしまうのだ。

筆者が若手社員だったころは、「先輩の仕事を目と耳で盗め」と言われていたし、他の課員の前で罵倒されたり、時にはゲンコツで殴られたり、灰皿を投げられたりしていた（筆者は幸いにも、ゲンコツや灰皿の難は逃れられたが）。まだハラスメントという概念そのものがなく、実態としてセクハラやパワハラは横行していた。

そんなお手本のもとに育ち、自分が課長になった際、課員にも当時と同じように接して新人が休職してしまった、辞めてしまったというような話をよく聞く。要は、自分が新人や若手社員のころに仕えてきた課長が、ロールモデルにならない時代なのである。

それはなぜか？　簡単である。現在は課長を取り巻く環境が大きく変わっているからであり、今後もますます変わるからだ。

パワハラを受けた課長は、部下にパワハラをしやすくなる

通常、さまざまな役職上のモデルに関する考え方やリーダーシップの発揮スタイル、癖は、自

分が新人や若手社員の時に仕えた上司のスタイルに多大な影響を受ける。

これは「リーダーシップPM理論」に基づき、社員のリーダーシップスタイルを判定するための質問票を見ても分かる。リーダーシップPM理論とは、P27の図1のとおり、PがPerformance（＝目標達成機能が強い、鬼のリーダーシップと呼ぶことにする）、MがMaintenance（＝集団維持機能が強い、仏のリーダーシップと呼ぶことにする）としてこの両軸の中でリーダーシップのスタイルとその強弱を判定するものである。

実際には質問票を用いて、自分の職場における態度や行動をそれぞれの質問項目に当てはめた際、どの項目にどれだけ当てはまるかを点数化することにより、スタイルを判定する。その質問票・項目の書き出しの多くが、いずれも「あなたの上役は……」となっていることからも、リーダーシップのスタイルがどれだけ上司の影響により形成されるか分かるだろう。

パワハラなどが連鎖するのも同様の理屈で、上司から指導や教育という名のもとに強いプレッシャーをかけられて育った部下は、自分が同じポジションについた時に同じスタイルを採るか、かつての上司を反面教師としてあえて違うスタイルを選択するのだ。

親分肌の上司に頼りがいを感じていた部下は、いずれ同様のリーダーシップスタイルを採るであろうし、人間味を前面に押し出したリーダーシップが自分には合わないと感じている部下は、合理性を重視したクールなスタイルを選択するであろう。

仕事は部下に丸投げしてさっさといなくなってしまう、それを部下育成だと信じている上司のもとには、同じような考えのリーダーが育ってしまうかもしれない。意思決定のできない上司に悩まされた部下は、反対にリーダーとして何より素早い意思決定を心がけるかもしれないのだ。

いずれにせよ影響を受けていることに間違いはない。

日系vs外資系　職場と課長はこんなに違う

では、昔の課長はどんな風だったのだろうか。

やはり課という組織の長であるから、その人物の態度が職場の雰囲気をピリピリしたものにも、朗らかなものにも変える。かつての日本における家父長制度、父親像が職場に再現されているような感じだった。

特に新人や若手社員という立場からすれば、その人物が統率する職場で働かせてもらっているという感じではなかっただろうか。課長の機嫌が悪そうな時は「報連相《ホウレンソウ》」を避けて嵐が通り過ぎるのを待った。課長から酒の席に誘われたりしたら、まずは断れない、断りづらい雰囲気もあっ

図1
なぜ課長は元上司に似た行動を取るようになるか
リーダーシップのスタイル

PM理論では、横軸にP(Performance=目標達成機能)を、
縦軸にM(Maintenance=集団維持機能)をとり、
4象限でリーダーシップのスタイルと機能(行動)の強さを判定する。
詳細は第4章で解説する。

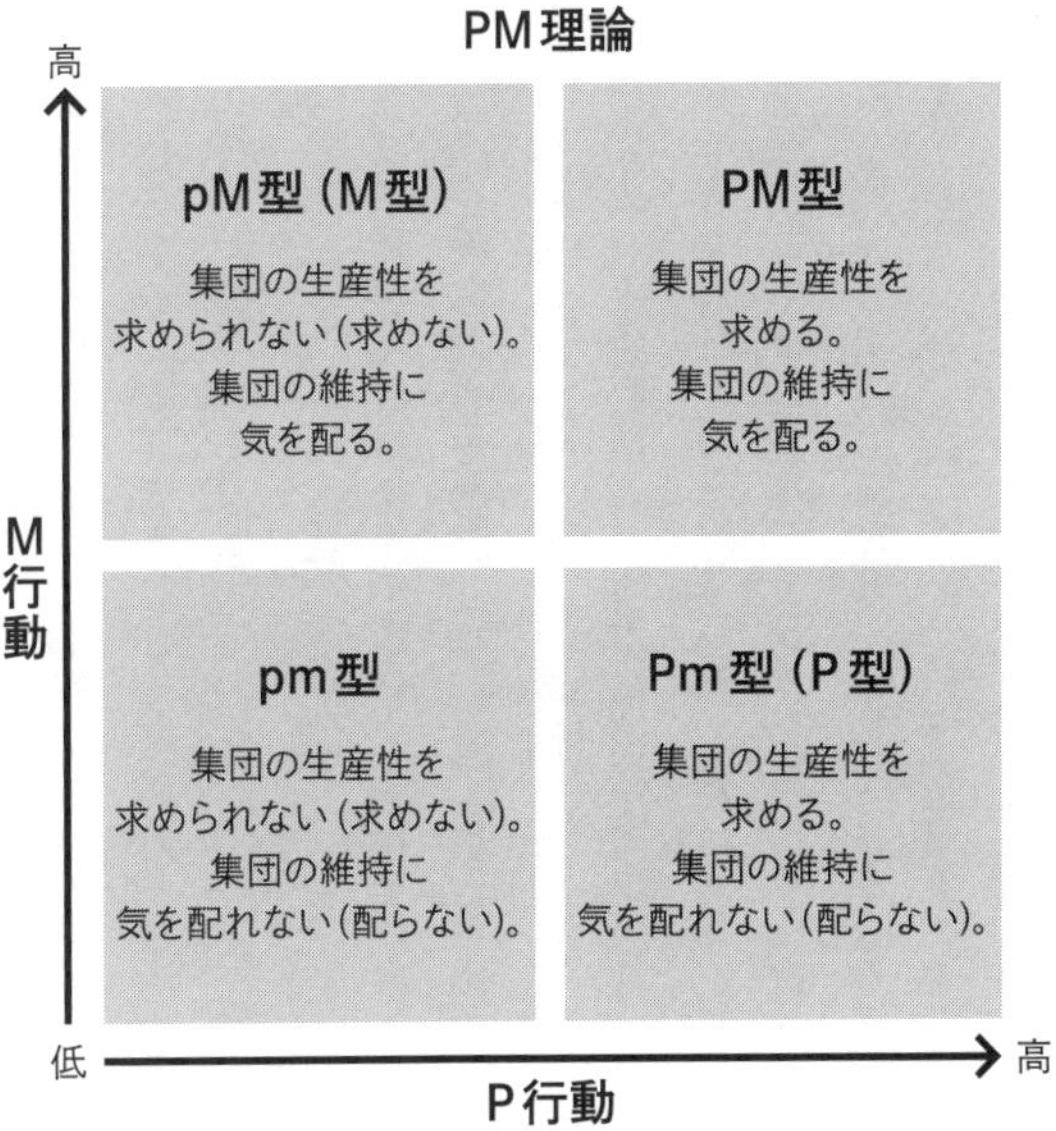
PM理論
高
M行動
低
pM型(M型)
集団の生産性を
求められない(求めない)。
集団の維持に
気を配る。
PM型
集団の生産性を
求める。
集団の維持に
気を配る。
pm型
集団の生産性を
求められない(求めない)。
集団の維持に
気を配れない(配らない)。
Pm型(P型)
集団の生産性を
求める。
集団の維持に
気を配れない(配らない)。
高
P行動

た。

リーダーシップとはポジションパワー（役職の持つ人事権や予算配分権など）とパーソナルパワー（役職者個人の人間力）から構成されるが、まさにかつての課長はこの2つのパワーを行使して、よくも悪くも職場を仕切っていたのである。

さて、ここで問いたい。そのロールモデルが果たして今の職場で使えるだろうか？

そしてもう一つ。かつての課長は一体どんなスキルを用いて職場を統率していたのだろうか？

ちなみに筆者は日本企業と外資系企業の両方を経験している。最近、両方の経験を比較するのにちょうどよい文献を手にした。外資系コンサルティング会社に在席していた当時の先輩の著書『出世する人は一次会だけ参加します』（平康慶浩著　日本経済新聞出版社）である。同書の中で平康さんは企業を、伝統的な日本企業に多いロイヤリティ型、経営環境の変化を受けて企業体質を変えつつある環境適応型、外資系企業やコンサルティング会社に多い自立型に分類した。

筆者が経験したのは、ある意味で両極にあるロイヤリティ型（日本企業）と自立型（外資系企業）である。

ロイヤリティ型は基本的に人が辞めない。社員の希望退職や退職理由を敏感に察知し、慎重に取り扱うからだ。強く慰留されることも多い。だが、総じて出ていく者には冷たい。退職日までには到底終わらぬ仕事を押し付けて、有給も消化させないなど、嫌がらせをすることすらある。組織の内と外にある高くて強固な壁を守ろうとするのだ。

一方の自立型は簡単に人が辞める。上司は部下がより高い報酬、ポストを得られる会社への転職を申し出ても冷たくあしらったり、嫌がらせのようなことをしたりはしない。また、出戻りに対して寛容な会社も多い。

両者を体験して感じたのは、ロイヤリティ型課長のパーソナルパワーに根差した情緒的なマネジメントと、自立型課長のポジションパワーに根差したロジカルなマネジメントの違いであった。

どちらのマネジメントがよい、優れているとは一概に言えるものではないし、個別の企業が置かれた状況によっても正解はさまざまである。

しかしながら、日本と日本企業を取り巻く環境や状況を踏まえた時に、そもそも課長とは何者であるべきか？　ということは考えざるを得ないだろう。

そのためには、まず日本と日本企業を取り巻く環境や状況、そしてそれらに対応する企業の人事施策と職場の変化をとらえる必要がある。

口ベタで仕事以外の話をしない「緑の血」課長がなぜ理想的か

実は筆者には、職場の変化をとらえた「あるべき課長」に関するイメージがある。かつて仕えた課長のイメージをいくつか組み合わせたものだが、その中には周囲から「あの人には緑の血が流れているのでは?」と揶揄されるような実在の人物も含まれている。

ちなみに、「緑の血」という言葉から連想するイメージはどのようなものだろうか。冷酷非情なロボット、ターミネーター? 確かに、ある種の鈍感さとタフさという意味ではターミネーターかもしれない。それにその課長は知っていた。自分が職場のマネジメントを得意としていないことを。だからだろうか。彼は職場のマネジメントに「技術」で対応しようとしたのだ。

彼のマネジメントは、ある意味一貫していて分かりやすかった。

口ベタで仕事以外の話はまったくしないため、一見何を考えているか分からない風であるが、いくつかの技術を組み合わせることで、彼の職場には安心感や信頼感があった。気配り上手で口も上手な課長より、女性社員からも好感を持たれていた。そして、その技術の組み合わせは、技術であるがゆえに誰でも使いこなすことができるのだ。

以降、一見職場のマネジメントに不向きな「緑の血」課長が職場で何を考え、何を語ったのかについても触れていきたい。

人事施策の変化がもたらす働き方の変化

今後、人事施策と職場はどう変わるのか？　その問いに答える前に日本を取り巻く環境について簡単に触れておきたい。

日本はすでに少子高齢化社会を迎えており、その打開策として定年退職年齢の延長や女性の活躍ということも謳われている。安倍晋三首相は先に、日本の成長戦略の第2弾として「女性の活躍は成長戦略の中核をなすもの」と語った。

人事コンサルタントとして女性の活躍と企業を結びつけてみると、事はそれほど単純ではないことが分かる。女性の活躍には、出生率の上昇という要請も含まれているのだ。この両方の要請を満たす道はたった一つしかない。それは「男性パートナーの全面的な育児協力」である。

だが、まだまだ多くの企業においてサービス残業は常態化しているから、全面的な育児協力など無茶な話だと片付けられてしまうのが実態だ。また、企業戦士としてバブルの時代を駆け抜けたサラリーマンの中には、その時代の男性の働き方をあるべき姿として譲らない者もいる。彼らはバブル期と今ではすっかり事情が変わってしまったことを無視している。企業戦士は、社員を丸抱えする当時の人事施策と連動していたから、ある意味安心して24時間戦えたのだが、すでに人事施策そのものが変わってしまった。

少子高齢化社会は、多くの業界の国内市場をますます縮小させる一方、グローバルな競争をますます激化させている。そんな中で一部の覇者を除き、利益をすり減らしつづけてついに市場からの撤退を迫られる企業もあれば、成長を前提としない市場において縮小均衡を余儀なくされている企業もある。

成長せずに競争だけが激しい市場で売上も伸びない中、成長を前提とした人事施策はあり得ない。そのため戦後日本の経済的躍進を支えた終身雇用や年功序列型賃金も、2000年を境としてほぼ完全に崩れ去った。

「カネもいらない、ポストもいらない」社員が増加

現状の人事制度では、ほんの一握りの者にしかポストは与えられず、40歳以降は「働けど働け

ど給料は上がらない」。

一家の大黒柱として一番カネのかかる時期、子供の大学進学中の学費を給料でまかなえない、だから奨学金を申請するも、その多くは子供が卒業後に自分で返済しなければならない。晴れて就職しても、新人サラリーマンの少ない給料では、奨学金を返済することができずに破産する。一部でそんな流れができてしまったのである。

要するに、大企業に就社する「うま味」がなくなってしまったのだ。これら諸々の事情を踏まえて、これからの人事施策は転換するだろう。実際、人手不足の業界を中心に、「兼業奨励」「休暇奨励」「残業なし」「異動なし」「定年なし」のような施策を講じる企業は確実に増えている。

このような人事施策の転換は、課長が矢面に立たなければならない職場のマネジメントにどのような影響を与えるだろうか？

それは、職場に集う社員がますます多様な価値観や働き方を選択し、彼らの間に共通の利害を見出すことが難しくなるということだ。共通の利害とは何か？　昔はポストとカネだった。だが、これからは同じ職場に女性やシニア世代、また積極的な消費を望まないゆとり世代がますます増え、「カネもいらないがポストもいらない」という社員も増えることだろう。企業戦士、そんな言葉を職場のマネジメントに紛れ込ませてもメンバーの支持がまったく得られない、そんな時代がすでにはじまっている。

職場の問題は、課長のマネジメント能力不足が原因か？

職場のダイバーシティ（多様性）は、課長にますます多くの問題を投げかけることになる。どんな問題か？　ここでは「ブラック企業」という概念になぞらえて考えてみたい。

まず認識しておきたいのは、ブラック企業のレッテルもリストラの危機と同様に対岸の火事ではないということだ。今やさまざまな報道や電車の中刷り広告でブラック企業という言葉を目にする。

ブラック企業とは、「労働者を酷使・選別し、使い捨てにする企業。「ブラック会社」ともいう。度を越えた長時間労働やノルマを課し、耐え抜いた者だけを引き上げ、落伍《らくご》者に対しては、業務とは無関係な研修やパワハラ、セクハラなどで肉体・精神を追い詰め、戦略的に「自主退職」へと追い込む」

（出典：コトバンク『知恵蔵2015』の解説より一部を引用）

ブラック企業という言葉には、パワハラという行為の正式な定義が長く存在しなかったように、まだ広く認知されている、正確な定義はない。だからこそ、課長は独り歩きするブラックの被害をも回避しなければならない。

なぜなら、今後の職場のダイバーシティ・マネジメントを考えた時に、トラブル＝即ブラック企業の誹《そし》りを免れない時代がやって来るからだ。

これからの職場は、女性と結婚、出産、育児という当事者たちの感情の機微に触れるセンシティブな選択や努力を、労務管理の一環としてサポートしていかなければならない。そのニュアンスは、例えば産婦人科で不妊治療をしている女性の数の多さ、彼女たちの切羽詰まった顔を見ればお分かりいただけると思う。そしてある社員の努力は実り、他の社員の努力は実らなかったとする。その時、子宝に恵まれた社員が育児休暇を取得したという理由で、子宝に恵まれなかった社員に仕事のしわ寄せがいったとしたら、後者の女性はどう感じるであろうか。結婚する、しないという選択、結婚を考えているがご縁がある、ないもまた然りである。

繰り返しになるが、安倍晋三首相は先に日本の成長戦略の第2弾として「女性の活躍は成長戦略の中核をなすもの」と語った。この活躍には将来の労働力不足を補う狙いと出生率の上昇という要請という2つの意味があると述べた。

これは何を意味するのか、想像力を働かせれば将来の職場をある程度予見することができる。職場のダイバーシティが、特に男性の想像を超えて進化するということなのである。具体的には同じ職場で、異なる属性の社員が、異なる働き方をするのだ。しかもその差異は細分化していく。

上位ポストより、キャリアの横展開を望む女性社員

男性社員と女性社員の出世に対する考え方も異なる。

これまで男性社員の思い描く出世のイメージは、上位のポストを得ることだったが、女性の中にはそのような出世を望まず、キャリアを横展開（違う職種を経験すること）したいと考える者も多い。

日本企業の成果主義の多くは、より上位のポストを獲得しないと給料が上がらないシステムである。だが実際、女性社員からこんな声が聞こえてくるのだ。

「お給料は上がらなくてよいから、とにかく仕事と家庭を両立させたい。だから横のローテーションに組み込んでほしい。ポストが上がって、これ以上責任を負わされたり、忙しくなったりしたら、それこそ家庭が崩壊してしまう……」

一部、出産後すぐに長時間労働が常態化しているビジネスコンサルティングの現場に復帰した女性や、2児の母ながら月刊誌の編集者として働くスーパーウーマンを知っているが、あらゆる

女性社員が同じような働き方ができるわけでもないし、周囲のサポートを得られるわけでもない。

調査によれば、企業は一見、女性活用施策の導入・実施について、その取り組みを進めている。だが事情はもっと複雑だ。妊娠中の社員、医療の力を借りて妊娠を実現したい社員、その一方で結婚や出産等を望んでいない社員など、各人によって事情は異なる。このようにダイバーシティの進化を受けて、一企業内の雇用区分はますます細分化し、さらには同一雇用区分内においても働き方に差異が生じることになるだろう。そうした際に想定されるのは、それぞれの区分や差異という境界線上に起こる軋轢である。

すでにマタハラが問題視されているが、今後とも適切な対処をしなければ、職場のマタハラ＝即ブラック企業の誹りを免れないのだ。

そしてまた、その対処方法についても、「頼みやすい社員や意欲のある社員に、他の社員の仕事を肩代わりしてもらう」というような昔ながらのやり方では済まされなくなる。なぜならダイバーシティとは、外面的なものだけではなく、会社に対する忠誠心やキャリアに対する考え方など内面的なものも含むからだ。

したがって、昇進することがキャリアだ、出世だ、そのために上司の頼みに応えておこうと考える社員を職場に見出すのは、今後ますます難しくなるであろう。

図2
この数年で、一気に進んだ女性活躍推進
女性活用施策の導入状況

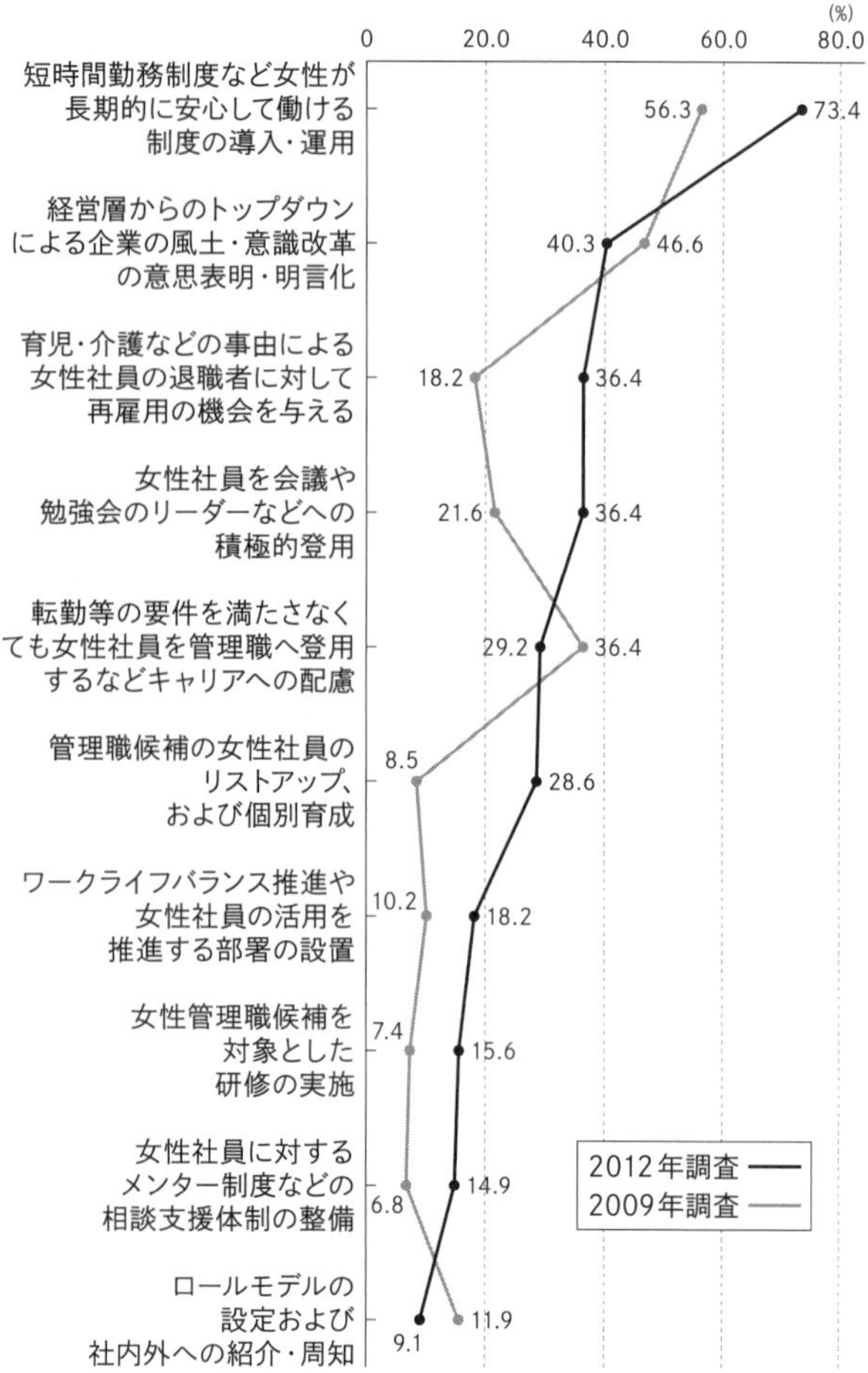

出典：公益財団法人日本生産性本部「第 13 回日本的雇用・人事の変容に関する調査」

正社員―非正規社員間で起こる「仕事の質」問題

筆者は、女性のみを受講者とするタウンミーティングにファシリテーターとして参加したことがある。そこで「日本人の働き方はどう変わるのか?」ということについて議論してもらった。

その際さまざまな意見が出されたが、「やはり男性パートナーの積極的な協力を得られなければ、女性が2つの意味で活躍することはできないだろう」という、ある意味想定内の結論に至った。

だがもう一つ、こんな結論にも至った。「男性社員は自発的には今の働き方を変えることはできないだろう。彼らの働き方を変えるためには、女性社員による〝教育〟や協力が必要となるだろう」

これは一般論だが、男性社員は結婚や出産などのライフイベントで、女性社員が身をもって体験するような変化に直面することが少ない。だからどうしても過去の延長線上の意識で働こうとしてしまうし、女性社員の複雑な心情に共感が持てないのだ。

だが、ダイバーシティ・マネジメントは確実に複雑化する。

そして境界線上に起こる軋轢として、より具体的には、異なる雇用区分の間では「仕事の質」に関する問題が、同一雇用区分の間では「仕事の量」に関する問題が起こると筆者は考えている。

以前、あるクライアントに対して、人事労務管理の実態や職場の風土に関する無記名のアンケート調査を実施した際、契約社員という雇用区分の社員が正社員に対して不満をぶちまけていた。

「正社員のくせに、なぜ契約社員の私より仕事ができないのだ。どうして本来であればあいつがやるべき仕事を、私がやらなければならないのだ。給料や待遇が全然違うのに、もうキレそうだ」というようなものだ。そして、同一雇用区分の「仕事の量」に関する不満も推して知るべしである。

このような問題は、先に課長層に対する能力開発ニーズとして挙げた能力や知識だけでは、解決することができないだろう。確かに課長には部門間や職場内を調整する能力が求められるが、「共通の利害を前提とする調整」より、「共通の利害を前提としない調整」のほうがはるかに難しい。

これから職場で起こり得る問題は、単に課長の調整能力不足が原因ということではなく、問題そのものが多様化、複雑化、深刻化しているのだ。

日本企業特有の「ガラパゴス課長」は社内事情を第一優先する

ガラパゴス化とは、独自の方向で多機能・高機能化した製品やサービス、海外進出やM&Aに消極的な企業、排他的で規制の多いマーケットなど、国際標準からかけ離れている日本の産業の現状を批判的に表した新語（コトバンク『知恵蔵2015』から引用）であるが、我々ビジネス・コンサルタントは、日本企業の典型的な「ガラパゴス課長」を簡単に見抜くことができる。

なぜなら、どの会社でプロジェクトを立ち上げても、ガラパゴス課長は概ね決まった態度で我々に接してくるからだ。

まずガラパゴス課長は、社内事情に精通していることを我々にアピールする。そしてミーティングなどをしていても、すぐにこんな言葉を口にするのだ。「その事例や提案は、他社では通用するだろうがわが社には合わない、もしくは難しい。うちは特別だから、特殊だから」と。

大所高所からあるべき論を語ることができず、重箱の隅をつつくように自分の利害に関わる職場の細かい問題を、あたかも重大な問題であるかのように指摘する。そしてプロジェクトの意思決定を遅らせようとする。議論を煙《けむ》に巻くだけで、その場をやり過ごそうとする。責任を取りたがらない。もしくは、まっとうな根拠も建設的な解決策も示さず、自社をやたらと卑下しつつ、自分の存在を特別なものに見せようとするのだ。

もう少し俯瞰した視点で、ガラパゴス課長を眺めてみよう。

これからの企業人事はますます人材の早期選抜が進んでいく。そんな中で課長という立場は微妙だ。昇進した年齢にもよるが、その後さらに部長を目指す課長もいれば、課長のポストであがりという社員もいるだろう。

かつては出世競争とか派閥とか、人間の集団であれば当然生じる勢力争いが同じ企業内で行われていた。そうなると当然に思考が内向きになり、自分を引き上げてくれそうな人物は誰か、自分の後ろ盾は何を望んでいるか、ライバルに先んじるにはどうしたらよいか、そんな権謀術数を巡らせることばかりに奔走し、ガラパゴス課長となっていくのである。

だが、企業人事を多く見てきた立場としてこんなことが言える。

ガラパゴス課長は上からも下からも支持されなくなる

課長をさらに上のポストに引き上げる人間は、ガラパゴス人材に興味を示さないということだ。

これは経験則だが、傍からは自分の評価や出世に興味を示しているようには見えない人材が、結果として出世していくということだ。このような人材は、上司に自分の仕事ぶりをアピールすることもしないし、仕事はしっかりやって部下とも良好な関係を築くが、定時になったらさっさと家路につくようなタイプである。

またこれも出世していく人材の特徴であるが、彼らは人の話を聴くのがうまく、さらに経営層にまで上り詰める人材の多くはどんな立場の人間も差別せず、気遣いができる。

社外に人脈を築いているのも出世していく人材の特徴だ。

これに対してガラパゴス課長は、内向きな思考や社内の序列にとらわれているので、周囲のウケが悪い。内向きな思考や発想は周囲から共感を得られないし、社内の序列は出世を目指す者同士でしか価値を持たないからだ。職場のダイバーシティが進化していく中で、ガラパゴス課長のポストやカネを前提とした説得や情緒的なマネジメントはますます通用しなくなっていく。

ガラパゴス課長がだめな理由は他にもある。

ガラパゴスはガラパゴス課長にとっては居心地がよいかもしれないが、経営陣は知っているのである。そのガラパゴスは永遠には続かず、国際標準からますます取り残されていくことを。いつか誰かが変化の先頭に立って、ガラパゴスを破壊しなければならないのだが、その力を期待することができない課長にはそれ以上のポストを与えない。

そして、国際標準からもますます取り残されていくというリスクは、企業にのみ突きつけられるものではなく、ガラパゴス課長本人にも突きつけられることになる。なぜなら彼らは、自分がリストラされるかもしれないなどとは考えたことがないからだ。

筆者は、まさかの退職勧奨（退職勧告）を受けて呆然自失の状態となり、その後の再就職がなかなか進まなかった人物も知っているし、さっさと身を引いて割り増しの退職金を受け取り、再就職先で活躍している人物も知っている。

その違いは何か？　それはまさかの事態を想像したことがあるか否かである。

そして、まさかの事態に備えていた人物はさらに強い。

人事の専門家の間でささやかれる課長絶滅説

「将来的に課長という役職は、多くの企業でなくなっていくだろう」

先日、人事コンサルタントや人的資源管理を専門とする学者、キャリアコンサルタントなど、人事に関わる専門家が一堂に会して課長をテーマに意見交換した際の一致した見解だ。課長、特にライン長としての課長は、強大な組織のヒエラルキーを前提とするが、それではもうビジネスが変化するスピードに対応できないというのだ。

ひと昔前のように多くの企業の成功モデルが、巨額の資金を投じてアメリカ製品の改良品を大量に生産・販売することだった時代はよかった。その当時は大量生産・販売に耐え得る巨大な組織が必要だったし、組織を構成するヒエラルキーも重要な役割を果たした。

だが今は既存の成功モデルがもう通用しない時代であり、新たなニーズを顧客と接する現場やその周辺に見出さなければならなくなった。変化のスピードもますます速くなっている。そんな時代に、現場の担当者が懸命につかんだ正解をいちいち稟議書に落として、係長、課長補佐、課長、次長、部長、事業部長、役員の順にお伺いを立てていてはもう、まったくもって遅いのだ。そのため、多くの組織はますますフラット化が進んでいる。

人事コンサルタントの視点で考えれば、組織の階層などは究極、スタッフ（一般層）、ミドル（管理層）、トップ（経営層）、これだけでよい。

これまで強大な組織は、時として変化に対応することよりも、公のルールに従うことよりも、自己保存を優先してきた。巨大企業の不祥事の多くは、組織の自己保存・延命をなにより優先し、公のルールや顧客を軽視したことにより起こっているのだ。

公よりも自己保存を優先しダメになっていく巨大企業

ここでは筆者がコンプライアンス経営と人事の関係を研究していた当時、顧客軽視の事例として取り上げた企業（B社とする）について触れたい。

事件の概要はこのようなものだ。

事の発端は2000年の6月27日、B社の品質センターへの苦情電話であった。「下痢や嘔吐がひどい。食中毒ではないか？」。結果として、発症者1万4849名（入院541 3名）の大規模食中毒事件に発展した（1996年のO157ですら1万322名）。

保健所からの自主回収の勧告に、工場長は「明日まで待ってほしい」と答えたという。「原因不明のうちに、お詫び広告を出すのは納得できない」といった内部の意見もあり、29日になってようやく自主回収の記者会見が行われた（謝罪広告は30日）。

時を同じくして発生した、目薬にカセイソーダを混入するという脅迫事件で、参天製薬が消費者保護を最優先した迅速な公表と製品回収で高い社会的評価を得たばかりであったため、B社の消費者軽視の対応が際立つ結果となり、社会から大きな批判を浴びた。

その後、Ｂ社系列の食品会社による牛肉偽装事件などもあり、結果として名門Ｂ社ブランドは事実上の解体に追い込まれた。

この事件のやるせないところは、同社がかつて１９５５年に起こした食中毒事件、過去の失敗を教訓として活かせなかったことである。

（昭和30年の食中毒事件）

「当社の歴史上、未曾有の事件であり、光輝ある歴史にぬぐうべからざる一大汚点を残した。この影響するところ極めて大であり、消費者の信用を失墜し、生産者に大いなる不安を与え、これはまさに当社に与えられた一大警鐘である。」

当時、Ｓ社長は自社製品から原因菌が検出されたことを東京都に指摘されると、即座に製品の販売停止と回収を指示した。新聞各紙に謝罪広告を掲載し、自らは工場に駆けつけて原因調査に当たった。同時に、被害者や取引先、酪農家などへのおわび行脚を社を挙げて実施した。他工場にも再点検を指示し、社員には「品質によって失った名誉は品質をもって回復する以外に道はない」と繰り返した。（中略）

学校給食での集団食中毒だけに、当初はマスコミもＢ社の衛生管理体制を激しく非難した。しかし、Ｂ社の迅速な対応と必死な姿に、世間も次第に理解を示すようになり、会社には激励の手紙や電話が次々に寄せられた。

Ｂ社のＯＢは当時を振り返り、「抗議の電話かと思って恐る恐る電話に出ると『がんばってください』とお客様からの励ましの声だった。涙が出るほどうれしかった」と話す。

（産経新聞取材班『ブランドはなぜ墜ちたか』角川書店Ｐ40〜43より引用）

恐竜と課長は、同じ理由で絶滅の危機に瀕する

企業は、どうして巨大になると放漫になるのだろうか。

この言葉はあまりにも多くの書籍で引用されているが、ここでも同じ引用をなぞるとすれば、チャールズ・ダーウィンは『種の起源』という著書の中で「最も強いものが生き残るのではない。最も変化に敏感なものが生き残る」という言葉を残している。

恐竜が滅亡した時代、確かに最も強いものは恐竜であっただろう。

恐竜の絶滅を企業になぞらえるのであれば、恐竜とはすなわち課長が存在する企業をいうのだと人事の専門家たちは言った。ということはグローバルな競争を制した一部の企業を除き、多くの企業の課長はその雑多な、常に使用者と労働者の板挟みという軋轢の中でこなされる仕事とと

もに絶滅することになる。

「結果重視」「競争原理」「減点主義」ではもうマネジメントできない

人柄や人間力を高めるのは、リーダーシップやマネジメントに関する能力を高めるよりはるかに難しい。

なぜなら、人柄や人間力というものはきわめて曖昧な概念であるし、その人物とどんな立場で付き合うかによって、受け取り手のとらえ方や感じ方も違うからだ。

しかしながら、昨今のリーダーシップや職場マネジメントの文脈で役職者の人間力が問われているのは、かつてのポスト、カネという共通の利害を前提とした次のような物事の運び方が通用しなくなった証しに他ならない。

■減点主義
■ダメ出し
■結果重視

■競争原理
■人格軽視
■聴き下手
■失敗を非難

「何を言っているんだ。俺の時代は……」、そんな昭和のＯＳを内蔵されている方は反論されるであろうし、筆者も昭和のＯＳに触れてきた世代だから、言わんとすることは分かるつもりではある。

だが、自身の今後のサラリーマンとしてのキャリアを考えるのであれば、昭和のＯＳは捨てなければならないのだ。

そして、今後の職場マネジメントに不可欠な課長の人間力を支えるマインド、これをひと言で集約するとすれば、それは「フォーユー精神」に他ならないと考える。この精神は、人財育成ＪＡＰＡＮの代表である永松茂久氏から教わった。

現在、作家・講演家として全国で活躍される永松氏の原点は、大分県の中津市ではじめた、たこ焼きの行商時代なのだそうだ。氏は当時、人口の少ない中津市では行商をともにする人材が集まらず、それでも苦労してかき集めた人材が次々と辞めてしまう事態に直面して、この考えにたどり着いた。

とにかくたった一人の誰か、スタッフのために全力を尽くそう。

思えば、「緑の血」課長は表情に乏しく会話に抑揚がないのだが、「君のためにできることを教えてほしい」が口癖で、こちらが発した言葉をひたすらメモしていた姿が今も印象に残っている。

共通の利害を前提としない、性別も違う。そのため、個々の事情を慮ることはできるが、真に共感することは難しい。そんなメンバーが集う職場において「フォーユー精神」に徹すると決めてしまうこと、これは戯言だろうか。

大企業エンジニア課長のリストラ勧告とネバーギブアップ

なお、人間力と関連して別の提言もしておきたい。

それは「フォーミー精神」だ。日本人のこれまでの働き方からすればどうしても、「フォーユー精神」が企業のためにという滅私奉公の考え方にすり替えられてしまう危険性があるからだ。

「フォーユー」は個人と個人が心を通わせて相互に報われる営みだが、企業のために滅私奉公をして報われる時代はとうの昔に終わった。かつて終身雇用を謳った大企業神話はすでに崩壊し、リストラが平然と行われているのである。

「はじめに」で登場したS・A課長も自分がリストラを勧告されるまでは、それこそ会社一筋で生きてきた。そして、会社に忠誠を尽くして懸命に働けば会社も自分に報いてくれる、どこかでそう信じていたのである。

それがある日、会社から冷たく切り捨てられる憂き目にあって、はじめてはっきりと自覚したのだ。会社はもう自分や家族を守ってくれる存在ではないことを。

だからこれからのサラリーマンには特に、適切な「フォーミー精神」を備えるように勧めたい。ここで「フォーミー精神」とは、私利私欲に走るという意味ではなく、自分と家族を主体的に守っていくサバイバル精神を指す。

ちなみに筆者は、友人のS・A課長からメールをもらってすぐに、いくつか質問を返した。事業領域や職種、そして転職歴などだ。その応答から、S・A課長は事業撤退に伴う後ろ向きの転職ではなく、ヘッドハンティングも含む前向きな転職が可能であることを確信した。

人事コンサルタントが人材の市場価値について敏感なのは当然である。

だが、これからの課長、プロフェッショナル課長は少なくとも自らの市場価値を把握しておく必要がある。

そして常に、自らの市場価値を高める動き方をしなければならない。

そうでなければガラパゴス課長になってしまうし、仮に転職を迫られるような事態に陥った際、転職エージェントにアピールすべきスキルがない、そもそも転職先に持っていけるスキルがない、ということになってしまうのだ。

ちなみに、転職を目指す課長の中には、「部下が何人いました」と部下の数で自分のマネジメントスキルを誇示しようとする人がいる。だが、人事コンサルタントや転職エージェントにそんなアピールをしても、それだけをもってその人物のマネジメント能力を評価することはまずない（さすがに、その課長が担当課長（プレイングマネジャー）なのかライン課長なのか、部下がいたのかいなかったのかぐらいは確認するが）。

多くの業種がますます高度にサービス業化し、課員ともますます複雑なコミュニケーションが求められる中で、部下の数が多すぎるということは、反対に大した仕事をしていないとひねくれた人事コンサルタントなどは考えてしまう。それよりは、コーチングや産業カウンセラーの資格を保持しているなどという方がよほど評価が高い。共通の利害が存在しない職場のマネジメントには、技術的に高度なコミュニケーション・スキルが必須だからだ。

それはなぜか？　については以降の章で詳しく述べることにして、この章の最後にくだんのS・A課長について触れたい。彼は筆者とのメールや電話のやり取りの中でサバイバル精神に目覚め、一時の思考停止状態からは確実に抜け出したのが分かった。以降も本書の中でS・A課長のサバイバルを見守りたい。

なぜ問題解決に失敗するか

高度化する課長の仕事

第２章

部長が残業中だと帰れない課長、平気で帰る一般社員

これはあるコンサルティングの現場で聞いた話である。

そのプロジェクトはいくつかのコンサルティング会社が合同で進めており、ある日、人事コンサルタントである筆者のチームとITコンサルタントである別のチームで雑談をしていた。その時、相手チームのA部長が唐突に、「誰か、うちのとなりの島のB部長に紹介できそうな女性を知りませんか？　うちは男ばかりの職場でいないんですよ」と言ったのだ。

冗談めかしてはいたが、その理由を聞くと笑ってばかりはいられない事情があった。

隣の島のB部長は独身・一人暮らしでいつも深夜まで仕事をしており、部下である課長が気を遣って帰れないのだそうだ。だが、課長の部下であるグループリーダーや若手社員は、定時を過ぎたら何食わぬ顔でタイムカードを押して帰っていく。しかもB部長は酒を飲む習慣もないらしく、部下を誘って街へ繰り出すこともない。ミーティングや仕事の指示も遅くまで働くことを前提としてなされる。いつも残っているのは部長と課長だから残業代も発生しないので、人事部もとやかく言ってはこない。困り果てたある課長が、A部長になんとかならないかと相談を持ちか

けたのである。

しかし、Ａ部長はＢ部長と同格だから、表立ってＢ部長のマネジメントに口を出すことができない。しかもＢ部長は事業部長に可愛がられている。そこで、Ｂ部長にパートナーや家庭ができれば少しは早く帰るようになるのではないかと考えたそうなのだ。

実際、この立場に置かれた課長はたまったものではないだろう。そしてこの話はいくつかの教訓を与えてくれる。

部長と課長は共通の利害で結ばれているため、課長は部長を気遣う。

課長と課員は共通の利害で結ばれていないため、課員は課長を気遣わない。

共通の利害、それはポストかカネか。

また、男性ばかりの職場というのも特徴として挙げられる。例えば、家に帰れば母親としての役割もある女性が課長職としてこの職場で働いているとしたら、Ｂ部長に仕えるなどそれこそたまったものではないだろう。

「課」のマネジメントが「部」のそれよりも難しいのはなぜか

筆者が社会に出たころは違っていた。部長が働いているのであれば、課長も働く。課長が働いているのであれば、課員の誰もが働く。そうした暗黙の統制が取れていたのだ。言い換えればそんなプレッシャーが職場に蔓延していた。

だが今は違う。先日、とある大学の准教授と今どきの若者について話をする機会があった。准教授いわく、今どきの若者（若手社員）は壁にぶつかるとすぐに心が折れる、仕事ができなくても懸命に取り組んでいる自分を認めてほしい（承認欲求が強い）、目の前の直接的な利害でしか動かないなどという特徴があるということだった。

要は、将来的に得られるかもしれないポストやカネのために、課長が働いているから自分も働こうなどという気遣いはしないということだ。

ちなみに准教授はこう付け加えた。だから悪いというわけではなくて、彼らは我々の世代と違う文化を持っているのだと。それにこんな話もある。我々の世代もよく言われたものだが、現在でも20代～30代前半の若手社員に、こんなことを言う上司や先輩社員がいるそうだ。

「君たちがうらやましい。我々は苦しい時代をくぐり抜けてきたから、給料を減らされて苦しかった。君たちは高給取りでいいなー」

そう言われた若手社員の反応はどうか。

これは実際に、そう言われた若手社員から聞いたのであるが、「時々本気っぽくそう言う人がいるんですけど、それだったら給料を減らしてほしいと本気で思います。給料が高いのは自分のせいではないですから」と憤りを隠さなかった。

仕事のできない部下を持てば、前述のように言いたくなる気持ちも分からないではない。だが、そんなシニカルな叱咤激励を受け入れ、気持ちを奮い立たせる若手社員など、もうどこにもいないと思ったほうが健全なのだ。そう考えると、共通の利害を前提に会社の都合や時として個人的な心情、嗜好、癖の強いマネジメントを押し付けられる部長職、それがもう通用しない課長職、どちらが行うマネジメントのほうが難しいだろうか。

男性は女性社員に対して沈黙しておいたほうが良い時も多い?

課長職の難しさは他にもある。

それは今後、ますます職場に女性が増えるということだ。ちなみに筆者は男女の仕事における能力差はまったくないと考えている。時々、「悪いけど……」という前置きをして仕事における女性の優秀さを過剰にアピールするフェミニスト（？）に出会うが、そんな発言に釈然としない気持ちになることがある。少なくとも自分がかつて在籍していた外資系企業には、性別による仕事の区別がまったくなかったからだ。女性の上司やプロジェクトリーダーに仕えたことも多々ある。

そんな筆者ではあるが、男女の性別を根拠とした溝は深いとも考えている。ダイバーシティ・マネジメントについて研究する過程で、気の置けないかつての同級生からこんなことを言われたことがある。

「女性はコミュニケーションを重視するけど、男性は女性に対して沈黙しておいたほうがよいことも多々あるのよ」

これは深い言葉だと感じた。そして彼女はこう続けた。

「女性の容姿、年齢、（女性同士の）比較に触れることは（決して）しないほうがよい、黙っているほうがモテると思う。でも容姿に触れられて喜ぶ女性もいるから、よく分かんない、ケースバイケースだよね」

女性同士でも分からない女性の個人的な嗜好に、男性が介入するのは難しい。だが話はそれで終わらない。今後はますます、女性社員だから、男性社員だからということで扱いやコミュニケーションに差をつけると、職場内にあらぬ誤解やトラブルを招くことになるだろう。

かつては、特に一般職と総合職など、雇用区分が違う女性社員と男性社員などは異なる扱いを受けた。まだまだ男性社会の全盛期だったということもあるだろうが、新人や若手の男性社員は仕事でミスをすると、課長や係長の席の前に立たされて長い時間、叱責されることも日常的にあった。

だが今の時代、教育の名のもとに新人をひどく叱責したらどうなるか？

手痛いしっぺ返しを食うのは叱責した当の本人だ。迂闊なコミュニケーションは彼らを深く傷つけ、挫折や自殺に追い込むこともある。ちなみにタチの悪いパワハラが起こるのは、職場において不幸にも3つの条件が揃ってしまった時であると筆者は考えている。

その3つの条件とは、被害者（部下）に対する加害者（上司や先輩）の、

■役割や権限、また責任など関係性が曖昧であること

■その行為に教育のためなど大義名分が立つこと

■その行為が比較的隠しやすいこと

まず1つめ、関係性の曖昧さについて説明すると、欧米企業のように部下の人事権を掌握している上司は、案外ひどいパワハラをしないものだ。自分と反りのあわない部下は解雇すればそれで足りるのだから。一方、日本企業のいわゆる上司は、部下の人事権を掌握していない場合も多いので、タチの悪いパワハラが起こりやすいと筆者は見ている。

2つめの大義名分、3つめの隠蔽などは、教育現場でいじめが起こる条件にも当てはまるだろう。このようにタチの悪いパワハラにまでは相当しなくても、職場のトラブルの多くは言葉やコミュニケーションが発端となるのだ。したがって、これからの課長にはますます慎重かつ繊細なコミュニケーションが求められることは間違いない。

ちなみに前述した「緑の血」課長は、沈黙の神様だった。女性とうまくコミュニケーションを取ろうなどとはしない。男女を問わず、冗談も言わない、軽口すら叩かない、職場では仕事の話しかしない。しかしながら、先の同級生の彼女の話を聞いて思ったのは、「緑の血」課長は沈黙を守ることにより、マイナス評価を取らないことでむしろモテていたのである。

もちろんコミュニケーションのスタイルはさまざまであるが、いずれにせよ課長は今後ますます共通の利害を前提としないダイバーシティをマネジメントしなければならないのである。

ライン課長に部長の能力が求められるか

サラリーマンは地方に転勤になると学習意欲が旺盛になると聞く。

筆者は仙台にも拠点を構えているが、大企業に勤めるある友人は、仙台に転勤してきたことを契機に、グロービス経営大学院に通いはじめた。それは本社で働いていた時よりも残業が少ないからということもあるだろうし、本社から離れている分、今後のキャリアや出世のためになんらかの備えをしておきたいということもあるだろう。例えば若くして課長職になり、まだまだその上の役職を目指しているのであれば尚更だ。

ちなみに、出世していくサラリーマンに最も必要な能力をご存じだろうか？

筆者はかつて、社員が高い成果を出しつづけるための究極の条件を、コンサルティングの現場で検証したことがある。具体的には、高業績者が発揮するさまざまなコンピテンシー（成果に至る行動特性・思考特性）のうち、役職や職種を問わず誰にも強く表れるコンピテンシーを分析してみたのだ。

答えはすぐに分かった。すべてのコンピテンシーは〝役割意識〟に収斂する。

役割意識とは、組織において自らの役割を高く認識し、行動するコンピテンシーだ。新人のころ、ひとつ上の立場で自分の仕事を考えろと上司からよく言われたことを覚えている。ここで課長のひとつ上のポストといえば次長か部長であるが、実際、課長の発揮すべきコンピテンシーのほうが、次長の発揮すべきそれより大きいということはよくある。多くの企業において、次長よりライン課長のほうが扱う予算も大きい。

では、やはり部長ということになるが、部長に求められる能力は戦略的に物事を考える力やミッションやビジョンを描く力、そして経営戦略／マーケティングに関する知識だ。

これらの能力は、グロービスに行けば習得できる内容であるが、果たして課長が職場のマネジメントを円滑に行う上で必要不可欠なのだろうか。

確かに、職場を俯瞰して見るという意味では、重要な能力かもしれない。出世を前提とするのであれば、機会を見つけてぜひとも前倒しで習得しておきたい知識やスキルの体系かもしれない。だが、これらの知識やスキル体系を職場のマネジメントに持ち込むのはどだい無理がある。

なぜなら課レベルのマネジメントは、既定の経営戦略やマーケティングをどう実行するかが主な仕事だからだ。それでは前述した課長の能力開発ニーズをさらに強化すればよいのだろうか。

確かにそれも必要だが、それだけでは不十分だ。実際、トレーニングを受けた課長が職場の問題解決に失敗するのを目の当たりにしてきた。

営業課長が重視すべきは「売上」か「利益額」か

筆者は、課長に＋αで必要な能力は、自社の経営戦略／マーケティングの実行とその評価を適切に行うために、職場や個人にはどんなモノサシがあてがわれるべきかを考え、答えを出す力だと考えている。その力がなければ、職場の課題を形成する力や部下を育成する力を発揮しても、職場のマネジメントは徒労に終わるだろう。

ここでいうモノサシとは、一般的に経営から組織、そして個人にいたる一連のＫＰＩ（Key Performance indicator：重要業績評価指標）を指す。ここではさらに業績にいたる（現場や実務上の）先行指標や個人の能力評価の指標をも含んでいる。

具体的には、営業部門ひとつを取ってもその会社が採用する経営戦略／マーケティングにより、部門にあてがうモノサシが違うのだ。

例えば、新規事業の営業であれば何より「売上」を立てなければならない。したがって、売上というモノサシをKPIに設定しつつ、個々の営業担当者には、新規の見込み客に対する訪問件数をモノサシ（先行指標）とする必要があるだろう。

だが、すでに事業を維持していくために必要十分な売上規模を確保し、かつ自社にとってより魅力的な取引を選べる立場にあれば、売上ではなく「利益額」、もしくは「利益率」をモノサシとするように設定を変えなければならない。

管理部門にしてもそうだ。とにかく会社の費用を削減するのが総務部や人事部の使命であれば、「備品や照明、残業の管理を徹底する」モノサシをあてがうだろうし、そうではなくて他部門の働きやすさを最大限にサポートするのが使命であれば、「従業員満足度」というモノサシをKPIとしてあてがう必要があるだろう。重要なことは、あてがわれるKPIや先行指標により、同じ部門の社員でも動き方がまったく異なるということなのだ。

その課に応じた「適切なモノサシ」をあてがう力が問われる

このように、モノサシは経営の方向や目標を実現するために、全体として体系を構成し、それぞれのレベルで適切なものが選定・採用されなければならない。

しかしながら実際には、経営が真に目指すべき方向や目標と、その実行を評価するモノサシが合致していない場合が多くある。また、あれもこれもと欲張りなモノサシをいくつもあてがい、本来であればモノサシから受け取るべきメッセージが、社員に対して届かなくなることも多々あるのだ。

課長クラスの企業人であれば、こんな言葉を聞いたことはないだろうか。

「できる社員は、組織が自分を評価する真のモノサシに沿って行動する」という言葉だ。組織人であれば誰もが高い評価を得たいのであるから、評価に対する感度の高い社員であればあるほど、その場を統制するモノサシを見極め、モノサシに対して忠実に行動するのは当然といえる。

だが当のモノサシが、組織の目的やミッションに対して不適切にあてがわれ、不具合を起こしていたら、その組織に属する社員はどうなるだろうか。

経営戦略／マーケティングの実行などを評価するモノサシが、体系的にすべての組織において整備・運用されていること、これがすなわち経営管理の全体像といえるのだが、例えば多くの課長層が合理的なモノサシをあてがう能力・知識を身につけていないのが実情だ。

使えない課長ほど、思い込みで自分流のモノサシをあてがう

このように然るべき能力・知識を持たない課長が組織にモノサシをあてがうことになる。そして自分の経験や信念に基づき、いわば我流であてがったモノサシが、結果として悪しき職場の空気をつくり、個人の評価にも落とし込まれ、あらゆるネガティブな感情や態度を誘発するのだ。

このようなことは、職種をまたがり異動してきた課長や転職組の課長が、新たな職場でやってしまうことが多い。何よりスピードが必要な職場で、些細なミスを咎める職場。売上と言いながら利益や利益率の話を持ち出す職場。クリエイティビティと言いながら、異なる意見を許容することができない職場。ハラスメントを放置する職場（性別に関するハラスメント、ジェンダー・ハラスメントなどは特に、職場のトップの認識により放置されることが多い）……。

そんな組織や個人の歪みを根治するには、まずはその組織のあるべき姿を見極め、実現するためのモノサシに書き換えるしかないのだが、そのためには然るべき知識とスキル、そして自らの意識改革が必要なのである。

離職率が高すぎる営業部、あなたが課長ならどうするか

具体的には、こんな失敗事例（初級編）があった。

これは企業研修時のケーススタディとしても活用しているので、問題解決にあたる立場で読み進めてみていただきたい。なお、課長の権限では解決できない問題だと考える読者もいるかと思うが、人事部などとも連携して解決にあたることをイメージしてほしい。

あなたは、インターネット広告代理店に営業課長として今年入社しました。

会社は、3年ほど前から社長の強力なリーダーシップのもと、業績の大幅な拡大を目指してきました。その取り組みの一環として、営業社員を大量に採用しています。

ただし、最近、あなたの会社では、約120人を擁する営業部の離職率が非常に高いことが問題となっています。

ちなみに営業部は、新規の顧客獲得を目指す営業1課と、既存の顧客から継続的に受注を確保する営業2課に分かれています。

これまであなたの会社では、プロセス評価および上司とすり合せて設定した目標の達成度を評価し、処遇に結びつける人事制度を基本としてきました。さらに、前年から業績の大幅な拡大を目指す人事施策の一環として、営業社員のモチベーションを高めるためのインセンティブとして特別ボーナス支給制度を設けました。

この制度の評価基準は通常とは異なり、営業部門共通の売上成績ランキングで上位3位以上を3カ月以上獲得した人にのみ非常に高額な特別ボーナスが支給されます。

ですが、この制度の導入後、必ずしも社内の志気が向上しているとはいえません。

なお、営業部におけるここ3年以内の離職率は30%を上回っているのに対し、業界平均の離職率は10%程度です。また、営業担当役員による無理な売り込みが災いして大口の既存顧客を競合他社に奪われてしまったという報告も受けています。

あなたは営業課長として、この問題をどう解決すべきだと思いますか？

課題解決の方向性としては、どのオプションが適切か？

①営業1課と営業2課の評価制度、報酬制度を分けるべきだ。

②モチベーションは達成可能性とそこから得られる満足度のバランスによって決まる。現状で

は達成基準の実現可能性が低いにも関わらず、特別ボーナスが少ないため、営業社員のやる気が起こらない。逆に特別ボーナスを増額することで、やる気を喚起させるべきだ。

③現状では特別ボーナスの達成基準を満たす営業社員がほとんどいないため、制度自体が形骸化していると考えられる。まずは達成基準を下げて実現可能性のあるものにし、改めて営業部全員横一線で同じ目標に対して頑張れるよう再設定すべきだ。

④営業社員に尊敬される「カリスマ営業マン」を輩出するため、意図的に多くの成功事例をつくるべきだ。

⑤特別ボーナス制度は営業部内で競争を起こすなどの弊害があるため、早くなくすべきだ。

答えは次のページの欄外に記載しているのでご参照いただきたい。

このケースが示すことは、課長がどれだけ懸命に采配を振るっても、その課にあてがわれた評価基準が誤っていたら、課長や課員の苦労は水泡に帰すということなのだ。そして実に多くの企業で、ケースにあるような過ちを犯している。

「プロフェッショナル課長」が求められる時代

これからの課長というものが、いかに大変な役割かということを感じていただけただろうか。

これからの課長は、非労働組合員・高給取りということでリストラの脅威にさらされながら、水際でブラックの汚名を食い止め、かつもちろん業績を上げなければならないのだ。

実際に一部の企業では、8人に1人しかなれない課長になりたがらない社員も出てきている。それは家庭の事情などではない。経営の矢面として上からはプレッシャーをかけられ下からは突き上げられ、残業代も出なくなるから給料も少なくなる、そんな踏んだり蹴ったりな立場に身を置くことを単純に嫌がるからだ。

しかしながら、課長の受難はそれだけではない。今後ますます進展するダイバーシティに対する企業の理解不足、消極的な姿勢も課長を苦しめることになる。

これは有識者と企業のダイバーシティ推進について議論した際に認識したことであるが、まだまだ多くの企業が、ダイバーシティと聞くと本音は「やれやれ大変だ」と感じるか、「コストがかさむ」と感じるかであり、ダイバーシティを積極的にとらえて競争優位の源泉にしようなどと

前ページの答え：①

図３
日本企業は女性人材活用について「見送りの３振」状況にある

RIETIの調査の対象企業では「全面的WLB推進型」企業は3.6%、
正社員数300以上で
「育児介護支援成功型」の企業は1.6%に過ぎない。
また管理職の女性割合が０人が約３分の２と大多数で、
10%以上の企業は7%、20%以上の企業は2.7%にすぎない。

つまり、日本企業の大多数は女性の人材活用が
「できない」のでなく「やらない」のである。

野球でいえばこれは女性の人材活用について
「空振りの３振」ではなく、「見送りの３振」である。
試みで失敗しているなら改善の余地があるが、
やろうとしないのでは改善の余地が無い。
それが「ダメ」な理由である。

RIETI：独立行政法人経済産業研究所
WLB：ワークライフバランス
出典：経済産業省「企業の活性化とダイバーシティ推進委員会」報告より、山口一男氏作成

は考えていないということだ。

このように、多くの企業のダイバーシティに対する認識と対応の遅れは、課長にしわ寄せされる。課長はますます感情的にも繊細な取り扱いを要する利害を調整するように迫られ、自らもプレイングマネジャーとして目標達成責任を負い、ハードな毎日に追い立てられることになるだろう。だから課長になりたくない、それは分かる。

だが、課長を目指さざるを得ない。なぜなら日本企業が導入する成果主義人事制度の多くは、横にスライドするキャリアに対して報酬を引き上げるということをしない。あくまでも上位のポストを獲

得することに対してのみ報酬を引き上げるのだ。だから家族を養うために多くのサラリーマンは課長を目指すしかない。

ただし、首尾よく課長になれたとしても安心はできない。地位に安住し、ガラパゴス課長化してしまっては、生涯キャリアにおいて非常にリスクが高くなってしまうのだ。

リストラ勧告された課長が後悔する「しくじり」

ちなみにリストラの憂き目にあっているS・A課長だが、昨日久しぶりに再会した。以降は彼の了承を得て記述するものである。

なお、彼は日本のいわゆる巨大企業で通信事業分野のエンジニア職をしているが、ガラパゴス課長とは対極で転職市場性が高く、タレントを持った人材だった。企業名は当然に伏せるが、不適切会計を指摘されている某企業ではないことは明記しておく。それほど日本企業においてリストラが常態化しているということだ。

読者が不測の事態に陥った際に、よりよい将来を獲得する一助となるよう、彼とのやり取りとその解説を記述しておきたい。筆者は彼にいくつかの質問をした。

質問1：入社以来の大まかなキャリアパスは？

回答：「入社時に情報通信分野の部署に配属され、以来一貫して同事業に従事している。入社時から事業の業績は芳しくなかった。当時から成長が著しかったインターネット分野にいずれは淘汰される分野の開発に携わっていたため、当然といえば当然だといえる。新卒の同期入社は40名いるが、そのうちの5番目くらいに課長になった。自分では出世は遅いと考えている。人事考課はほとんど下がったことがなく、これまで概ね右肩上がりだった」

解説：彼は斜陽化した事業に従事しているにしては出世が早い。通常、儲かっていない事業に従事している同期より、花形事業に従事している同期のほうが出世も早いものだ。そのような不利な状況において、多くの同期に先んじて課長にまで上り詰めてきたのであるから、彼は優秀な人材なのだ。筆者はインタビューを開始してすぐにそう感じた。

それに出世は遅いほうだと話す彼のマインドにも共感を持つことができた。彼は現状に満足していない。

質問2：これまでの会社生活において、自分でも自覚している「しくじり」はあるか？

回答：「まずは一般的な話をするが、うちの社員はまじめで優秀な人材が多く、自分の職域の範囲で自己完結するタイプが多い。一方で、周囲に働きかけて会社をよくしようとするタイプは少ない。

自分はそんな中で、周囲に働きかけたり、〝そもそも論〟を議論することが求められたりするプロジェクトのリーダーとして、時には上司に嚙みつくことも厭わないタイプだった。

具体的には、儲けにならない仕事を課員にやらせようとする上司に、なんでそんな儲からない仕事をやるのかと嚙みついたり、プロジェクトにアサインするメンバーをスキルセットで集めるのではなく、単に数合わせをしようとしている上司に嚙みついたりした。

また、プロジェクトにおいて火消し役に回ることも多かったため、火事場の後方でボーっとしている別部隊の同僚や上司、問題意識の低い輩が許せなかった。

納得していないことは顔に出るタイプで、上司や同僚から一緒に仕事をするにはやりにくい奴だと思われていると感じる。クライアントからの信頼は失ったことがないと認識しているが、上司に噛みついて一度人事評価を下げられたこともある。

だが、転職したら新天地で浮いてしまわないよう、上司に噛みついたりすることは改めようと思う。

話は変わるが、転職サイトで求人情報を検索しても、自分にできそうな仕事が見つからない。ウェブサイトのデザインがどうこう、言語がどうこう書いてあるが、今のうちからそういうことを勉強しておいたほうがよいだろうか？　TOEICの点数は話した通りだが、実際には話せないから外資系は難しいだろうか？」

解説：現状の職場において、自分に与えられた職責の範囲で無難に仕事をこなす人材が多い中で、確かに彼は目立つ存在かもしれない。だが、多くの外資系企業では〝穏便に〟とか〝丸く収めて〟とかいう配慮を優先し、自分の意見や主張を率直に話せない人材は評価されない。

筆者が外資系のコンサルティング会社に勤めていた際、あるべき人材要件の一つにこのようなものがあった。Think Straight, Talk Straight. 要は思ったこと、感じたことを、包み隠さずにそのまま話せということだ。だから彼は転職先さえ間違わなければ、今のスタンスを改める必要などまったくない。

しかしながら、リストラなどの事態に直面すると多くの人材は、自らの能力不足や過ちをどこかに求め、自己評価を下げてしまいがちである。それは彼が求める求人情報からも言える。はっきり言えば、彼のやってきた仕事のレベル・タレントは非常に高く、その分野で最高峰の仕事をしてきたのである。

具体的な仕事内容を聞くと、大手のシステムコンサルタントが手掛けるような仕事も日常的にこなしてきているのだ。また英語力も、外資系企業にエントリーするために必要なＴＯＥＩＣの点数を十分に満たしている。

彼は誤解しているのだ。外資系企業に転職したら、日々ネイティブレベルの英語を使いこなさなければならないのだろうと。外資系企業に高いレベルの英語力が求められるかといえば、そうでもない企業もたくさんある。外資系のコンサルティング会社でも、クライアントが日系企業であれば、英語などまったくと言っていいほど使うことがない。英語が得意でなければ日系企業が相手のプロジェクトにしかアサインされない。

それなのに自分を過小評価してしまうのは、友人のＳ・Ａだけでは決してない。筆者のところに転職相談にやってくる大手企業の社員にも、同様の傾向がよくみられる。

彼らは外の世界を知らないのだ。

質問3：業績悪化の数年前に戻れるなら、個人として何をしておきたかったか？

回答：「今から思えば、日常的に転職エージェントの話を聞いておきたかったし、キャリアカウンセリングなども受けておきたかった。転職市場や他の業種・業界を知っておきたかった」

解説：質問2の解説とも重複するが、リストラの憂き目にあってから転職エージェントに連絡をしたり、キャリアカウンセリングを受けたりしても遅いのだ。

慣れ親しんだ組織が瓦解した状況に絶望したり、それにより自己評価を下げてしまったりしたまま転職するとろくなことがない。転職先と自分のタレントがミスマッチするからだ。だからこそ、大企業において順調にキャリアを築いているその時にこそ、自分のキャリアを客観視することが必要なのである。

なぜなら、外の世界を意識せず日々の仕事に埋没してしまうと、自分のタレントの磨き方が分からなくなってしまい、知らず知らずのうちにガラパゴス課長化してしまうからだ。

課長は部下のプライベートを把握するべきか

これからの課長に求められる役割、知識、スキルとは何だろうか？

まず課長の役割だが、これは今も昔も大きくは変わらないだろう。課長の役割とは経営と一般社員をつなぐ連結ピンの役割を果たしつつ、最大の成果をあげることだ。

変わったのは環境である。職場が共通の利害を前提としなくなり、ある種の画一性が多様性にますます変わりつつあること、ビジネスを動かすスピードがますます速く複雑になっていること、経営サイドに経営の明快な答えはなく、顧客に接する現場に答えの手がかりがあることなどだ。

これらの環境変化に伴い、課長の備えるべき知識、スキルそしてその前段階にある態度や姿勢の在り方が大きく変わったのである。

ではまず、これまでの課長に求められた知識、スキルから見ていきたい。

思い返せば筆者が新人の時代に仕えた課長は、とにかく課員のことを熟知していた。筆者のキャリアはメーカーの人事部からスタートしたから特にそうなのだろうが、課長は課員一人ひとりのプライベートも、家族構成からその変化に至るまで実によく把握していたものだ。そして共通の利害を前提とした課員同士の密着度も高かったように思う。

マネジメントスタイルは様々だった。

常にピリピリとしていて職場に緊張感を張り巡らせる課長もいれば、いつもニコニコしていて仏のような課長もいた。それぞれの課長に特有の〝味〟があった。それに課員の知らない情報をたくさん持っていて、課長のポジションパワーの源泉だった。いずれにせよ基本的なスタンスは「会社のためにできることはないか？　みなで一丸となってがんばろう」である。

だが、今同じスタンスで職場をマネジメントしたらうまくいくだろうか？

「会社のためにできることはないか？　みなで一丸となってがんばろう」というスタンスに、心から賛同する課員がどれだけいるだろうか？　職場は共通の利害という背骨をすでに失っているのだ。

職場を技術的にマネジメントする「緑の血」課長のキラーフレーズ

では次に、今どき課長として「緑の血」課長に登場していただく。

「緑の血」課長はどうしたか？

まずは課員のプライベートのことなど意に介さなかった。異動や退職の希望を聞いてはじめて課員のプライベートを知る、それくらい課員との仕事以外のつながりに関心を示さなかった。だが異動や退職の希望を聞いた後は必ず、「君のために、私にできることはないか？」と続けるのである。永松茂久氏の「フォーユー精神」ではないが、本気で「君のために、私にできることはないか？」と言われて気を悪くする課員はまずいない。そして徹底的にメモを取り、課長としてまたは個人としてできることに全力を尽くすのである。

また多くの情報を速やかに課員と共有した。何かあると課員が集まる場を設けてディスカッションし、物事を決めていた。アジェンダ（議事目録）は事前に配布し、議事録ももちろん取らせた。だから、血は通っていない（ように見える）が安心感はあった。この姿勢は共通の利害を前提としない職場・課員との間でも有効だ。

他にも、「緑の血」課長は職場のマネジメントを常に技術的に運用しようとしていた。

技術的とは、ここでは、

■訓練を通じて習熟することが可能であり

■そのプロセスを明示することが可能であり

■伝承することが可能である
ということを指す。

いわば誰でも実践することができるということだ。

今どきの「プロ課長」に求められる7つのスキル

なぜ、「緑の血」課長は職場のマネジメントを、常に技術的に運用しようとしたのだろうか。

課長に実際に聞いたことがないのでこれは推測であるが、かつての上司は連結ピンとして人間関係を円滑に保つには口ベタすぎた。人の心の機微に対して鈍感だった。緑の血が流れているというのが職場で定説となるような人物だ。筆者は後にも先にもそんな課長を見たことがなかった。

課長はそのことを自分で知っていたのであろう。だからあえて技術的な運用に徹したのだ。

ちなみにその課長は、自分の所属する事業部が、給与水準の引き下げも視野に子会社化されてしまうという危機にも直面していた。そんな課長から抽出した課長のためのスキルを思い返してみると、7つ挙げることができる。

①フォーユーの姿勢と行動
②公正さを基準化する力
③技術的なコミュニケーション
④キャリアを客観視する力
⑤変化を積極的に取り入れる力
⑥オープンさを保つ力
⑦「緑の血」であり続ける力

②から⑦については「課長のためのスキル」として後の章で詳しく解説する。だが、スキルを支えるのは意識であるということをお伝えしたい。スキルと意識の関係を車に例えるとすれば、スキルは車の性能で意識はガソリンである。「緑の血」課長のスキルを支える意識はもちろん「①フォーユー精神」である。これについてはたびたび解説してきた。

実際、本家本元の永松茂久氏が語るフォーユー精神は非常に深い哲学的な話になるのだが、実務家にとってはまずは何より実践が大切だと筆者は考える。とにかく職場のメンバーのためにできることは何かを考え、「君のためにできることを教えてほしい」と口に出し、メモを取り、そしてただ最善を尽くす。「緑の血」課長はそのことを実践した。

この章の最後に、どうやら「緑の血」課長を褒めすぎているような気がするので、誤解のないように補足しておく。

「緑の血」課長は寡黙といっても故・高倉健氏のような背中で男を語るようなタイプでは決してなかったし、言っては悪いけれども男が男に惚れ込むような人物でもない。黙々と機械に向かうエンジニアタイプの課長は、やはり職場のマネジメントが得意でないことを自認していた。それでも必死でいくつかの技術を習得し、その合わせ技でいくつもの難局を乗り切り、そして遂に「緑の血」課長は、グループ会社の課長から本体の役員に上り詰めたのである。

すごい課長の
職場の空気づくり

まとまり感を高める技術

第 3 章

課長の一言で全員が飲み会に参加する職場は、良い職場か

この章のはじめにまず問いたい。良い職場とはどのような職場だろうか。

例えば課長であるあなたは、課員を「しばらく残業続きだったから、今日は定時であがってみんなで飲みに行こう」と誘ったとしよう。課員はみな退社後、特にプライベートな予定はないとする。あなたは良い職場として次の3つの回答のうち、どれを選ぶだろうか。

□課員がみな「いいですねー、行きましょう！」とまとまる職場（優）
□一部の課員は「せっかく残業がないので家に帰って休みますー」と課長の誘いを断る、まとまり切らない職場（良）
□すべての課員が「仕事とプライベートはきっちり分けてますから」と課長の誘いにまったくのってこない職場（可）

昔の職場であれば間違いなく（優）が選択されていたことだろう。

確かに筆者が新人のころ「俺が一声かければみんな喜んで（飲み会に）参加するよ」と豪語する先輩、上司がいたものだ。彼らはこう自慢（？）することで、自分のマネジメント能力や職場・課員一人ひとりへの影響力を誇示したかったのだ。これは某銀行に勤める同世代の友人から聞いた話であるが、彼らの時代は支店長から飲みに行こうと誘われたら、仮に残業続きでへとへとであっても、相応の家庭の事情があっても、断る行員はまずいなかったと言っていた。同じ強制力は支店長以下の上下関係でも同様である。

なぜこのような力が働くのか？

その答えは簡単だ。それは飲み会を断って支店長や他の上位者の心証を害したら、自分の査定や出世に響くと信じているからだ。では、同じように今の新人や若手社員を誘ったらどうなるか？彼らはそんな強制力を簡単にすり抜けていってしまうだろう。

今の若者はお酒を飲まなくなったというが、飲み会の雰囲気は好きだという者も案外多い。また同じ会社の人間とは飲まないと決めている若者も一部にはいるようだが、別にそんなことは思っていないという若者も大勢いる。

ただし、おしなべて言えるのは、今どきの若者は職場のまとまり感を高めるための強制力には敏感に反応し、それが行使されることを嫌うということだ。さらに彼らは直接的な利害にも敏感で、残業代がもらえるわけでもなく、上司や先輩に気を遣わなければならない職場の飲み会などには、プライベートな時間を犠牲にしてまで参加したくないのである。

日本の職場「仕事はしくじっても飲み会はしくじるな」

それでも（可）は極端だろうと考える読者もいるかもしれない。

確かに、日本企業における多くの職場では、極端な部類に入ると思われる。だが、このような職場は実際に存在する。かつて筆者は、ニューヨークやロンドンで働くネイティブの友人に、日本企業の職場ではかつて盛んに行われ、今も一部で復活しつつある飲みニケーションについて話をしたことがある。彼らは筆者の話にとてもビックリしていた。なぜなら彼らは、職場の上司などとプライベートで飲みに行ったことなど皆無だったからだ。同僚とすら数えるほどもないと言っていた。もちろん、職場でオフィシャルに企画するパーティーなどは別にしてだが。

筆者も飲みニケーション世代なので、今の若者の心理や外資の職場の在り方に違和感を覚える読者の心情も分からなくはない。だが我々が経験してきた飲みニケーションなどは、職場のまとまり感を醸成する特殊な方法だったのだ。このことは日系企業から外資系企業に転職した際に強く感じた。

日系企業における飲み会はある意味で仕事だった。

事前準備としては選定する店やメンバー、誰がどこに座るか、予算はいくらかなどを決める。飲み会の最中、新人は店員に注文をしたり、皿やジョッキを片付けたりしやすい場所に座り、忙しく立ち働く。終わるころには、上位者から順に誰にどれだけ代金を払ってもらうかを決め、精算を済ませる。かつての先輩に、「仕事はしくじってもよいが、飲み会の準備はしくじるな」と言われていたことを今も覚えている。

それに対して外資系企業はどうであったか。

日系企業からの転職組など、一部の新人が飲み会の場で気を利かせることはあったが、強制ではまったくなかった。仮に外資系企業から日系企業に転職した新人がいたとしたら大いに戸惑い、適応するのに苦労するだろうと筆者は考えるのである。

不祥事が起こりやすい職場、起こりにくい職場

それでは次に、別の角度から良い職場というものを考えたい。先の３つの回答、課員がみな

「いいですねー、行きましょう！」とまとまる職場（優）、一部の課員は「せっかく残業がないので家に帰って休みますー」と課長の誘いを断る、まとまり切らない職場（良）、すべての課員が「仕事とプライベートはきっちり分けてますから」と課長の誘いにまったくのってこない職場（可）から、不祥事の起こりやすい職場、起こりにくい職場、その予兆のようなものを感じ取ることはできるだろうか。

企業のコンプライアンスについて詳しい方なら、（優）と答えるだろう。筆者もその意図で設問した。そうなのだ、一見良い職場だと見なされる状態にこそ、不祥事の萌芽が根付いているのである。

ここで職場も含めた人々のまとまりを、その構成メンバーの観点から考えてみよう。

共通の目的を持った多くの集団には、リーダーがいてメンバーがいる。そしてリーダーシップとは、「集団において、リーダーがメンバーに対して自らの意思や計画、構想に従うように影響力を及ぼすこと」であるが、単に影響力の行使ということであれば、リーダーの意思や計画、構想が道徳や倫理にもとる無茶苦茶なものでもよいのか、という疑問が生じる。

だが、リーダーシップはたった独りで発揮できるものではなく、メンバーとの関係においてはじめて成立するものなのである。そのため、優れたリーダーと成熟したメンバーが良い意味で影響を与えあうことにより、はじめて倫理面も含めた卓越したリーダーシップが発揮されるのだ。

成熟したメンバーとは、リーダーの影響力に対して受身ではなく、能動的・主体的に賛成または反対の意思を表明し、その上で喜んでついていくことを選択することができる人材のことである。

まとまり感の強すぎる職場はなぜ危ないのか

それでは、成熟したメンバーがリーダーに求めるリーダーシップとは何だろうか？

集約すれば、それは「信頼感の蓄積」であるといえるだろう。リーダーとメンバーが健全な関係にある集団は、相互作用により集団凝集性《しゅうだんぎょうしゅうせい》が高まると同時に相互牽制（互いに言動や判断の誤り、偏り、逸脱などを監視し、抑制しあうこと）も高いレベルで働くことになる。ここで集団凝集性という社会心理学用語を使ったが、これは簡単に言えば集団のまとまり感を指す。

職場のマネジメントに悩む課長は、このまとまり感を強めたいと常々思っているかもしれないし、そのために全体ミーティングを開いたり、個別に声がけをしたり、課員に飲み会を企画させたりしているかもしれない。

だが、職場のまとまり感が強いということが、手放しに良い状態だとは言い切れないのだ。特にこれまで何よりもまとまり感を重要視してきた日本企業の課長は、注意深く職場を観察し、まとまり感をコントロールしなければならない。

事実、第1章で取り上げたB社だが、不祥事を起こしてその地位を失った背景には、集団凝集性の異常な強さが見て取れるのである。だから場合によっては、まとまり感の強すぎる職場よりは、課長であるあなたがメンバーを飲み会に誘っても誰も応えてくれない職場（誘った本人は切ないであろうが）のほうがマシということもあり得る。

ちなみに「緑の血」課長は、その時々で職場にいるメンバー全員を誘うか、誰も誘わずに家路につくか、そのどちらかだったと思う。個別に飲みに行く場合は、メンバーの誰かが昇格したなど喜ばしい出来事があった時か、同じく誰かがよっぽど悩みを抱えている時だ。

この課長はメンバーの誰にも平等にそうしていたし、職場を離れてしまえば（口数は相変わらず少ないが）、年上の友人のように接してくれた。上司だからといって部下に気を遣わせたり、職場の延長線上であるかのように仕事の話をしたりすることは決してなかった。「緑の血」課長が自覚的にそうしていたかは正直分からない。だが筆者は、良い職場で働かせてもらったと今も感謝している。

「同じ釜の飯を食う」が相互依存を引き起こす

職場のまとまり感は、社会心理学用語でいうところの集団凝集性の強さであると述べた。ただ、それだけではない。集団を構成するリーダーとメンバーがそれぞれ成熟した人材であり、リーダーが暴走して誤った影響力を行使してしまわないよう、相互牽制し得る関係でなければならないと書いた。

本来、健全な職場のまとまり感を論じる際には、集団凝集性と相互牽制をセットで語るべきなのだが、実際には集団凝集性を高める強制力のみが語られ、発動されるのである。そして終身雇用は崩壊したとはいっても、長期雇用を前提とする多くの日本企業において、集団凝集性の高い組織に居続けるとどうなるのか？

日本企業のように「同じ釜の飯を食う」集団が苦楽をともにしていると、いつしか相互牽制が相互扶助に、そしてついには相互依存する関係となってしまうのである。

日本企業に勤める課長クラスであれば誰しも、あの人にお世話になった、あの人がいるから今の自分がある、あの人に引き上げてもらった、あの人には頭が上がらない、そんな風に思う人物が社内に1人か2人、あるいはそれ以上いるのではないだろうか。そして普通に考えれば、誰もが彼らに対して少なからぬ恩義を感じて当然であるし、よく仕えてくれる部下や後輩にも情が芽生えてしかるべきなのである。

だが相互牽制が変質し、集団凝集性のみが強調される職場のまとまり感には副作用がある。長期にわたり職場の人間関係を築いてきた、その結果として育まれた気安さは、職場内の人間関係や仕事の進め方にある種の暗黙の了解や阿吽《あうん》の呼吸を持ち込むことになるのだ。ちなみに欧米企業には「同じ釜の飯を食う」というような概念はない。

無関係な部署のマネジャーへのCCは危険のサイン？

これは、ある外資系の製薬会社が、日系の製薬会社を買収した際の話である。

外資の社員数が日系の社員数よりも少ない、小が大を取り込む、そんな買収劇だった。その際、外資のマネジャーは旧日系メンバーのマネジメントについて非常に悩んでいた。

「なぜ彼らは関係ない部署のマネジャーにまでメールを入れたり、レポートしたりしているのだ」

「なぜ彼は物事をはっきりさせないのだ」

図4
「一蓮托生」の思いが、不祥事につながる?
健全性に欠く集団凝集性

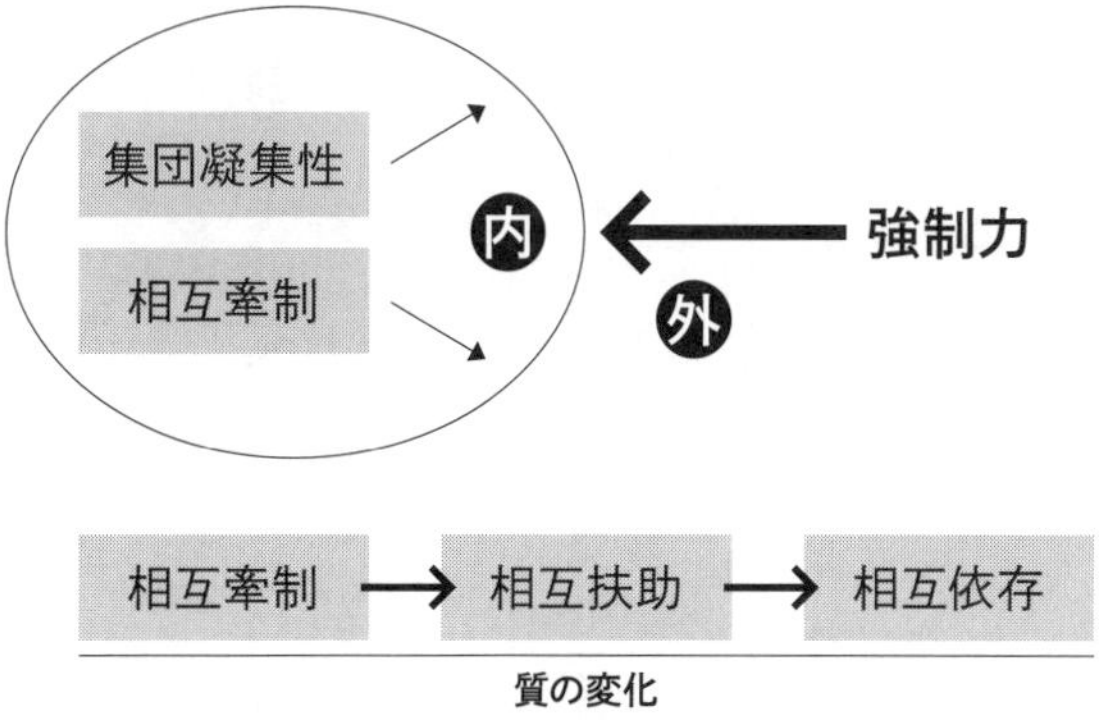

「ミーティングでディスカッションをせずに、どこで物事を決めているのだ」など。

そこで組織風土調査をしてみたのだが、外資のマネジャーの回答と、日系のマネジャーやメンバーの回答はレーダーチャートの形の違いとしてはっきりと表れたのである。

日系企業の職場は明文化されたルールではなく暗黙知で動いていることも多く、それが事例のような混乱や職場内にある種のマンネリ〝慣れる〟〝飽きる〟〝だれる〟を生じさせるのだ。なお、このようなマンネリを解消するために転居を伴うような人事異動を行うのであるが、その弊害は多く指摘されているところであるし、欧米企業には理由を告げられないような人事異動など通常はあり得ない。

そして健全性に欠く集団凝集性は、外部からの刺激に対して容易に内と外という強固な壁を築く。

株主や顧客からのクレームや非難に対して、自社の地位を脅かすライバル企業に対して、同じ釜の飯を食う社員を売り渡すわけにはいかない。我々は一蓮托生なのだ。そうして職場のまとまり感は〝かばう〟〝守る〟〝隠す〟という行動を誘発することになる。不祥事はこのようにして起こるといえよう。

「話の分かる良い人」ほどリストラされやすい理由

ただし、そのようなまとまり感が脆くも崩れ去ることがある。それがリストラだ。これまで仲間だと信じていた者からクビの宣告を受ける。そのショックの中でせめて潔くありたいと、それを受け入れてしまう。

前著でも取り上げたが、アウトプレースメント（企業が雇用調整により人員削減を行う場合の再就職支援）を専門に行う企業の知人に聞いた話では、リストラしやすいのは「話の分かる良い人」なのだそうだ。これはリストラの進め方を知っている人事コンサルタントの立場として、十分に理解することができる。

企業はリストラをはじめる前に、専門のコンサルタントの力を借りて辞めてもらう社員数をシミュレーションしている。その数に達すればリストラは終了であるし、その数に達しなければリストラは継続される。

ここで「話の分かる良い人」とは、「あなたにやってもらう仕事は、社内にはもうない」と言えば、揉めることなく速やかに退職を決断してくれそうな社員のことだ。このような社員は、まずリストラを宣告されたという屈辱に耐えられない。居直る図々しさや駆け引きをするしたたかさも持ち合わせていない。せめて引き際だけは潔く……と考えてしまうタイプの社員だ。こういう社員は、本人の会社に対する貢献や能力の如何にかかわらず、リストラという非常時のシミュレーションにおいて退職者の頭数に入れやすい、選挙で言えば固定票のようにして取り扱われてしまうのだ。

ちなみにリストラはこのような手順で行われる。例えば事業単位のリストラであれば、シミュレーションによる見積りを踏まえて、労働組合員を他の事業部やグループ会社に出向させることからはじまり、次に年齢の高い管理職から退職勧奨をはじめて、段階的に年齢を引き下げていく。そして通常、労働組合員に勧告するのは最後の手段となる。

反対にある商社で希望退職を募ったら、募集人数をあっという間にオーバーしてしまったという笑えない話もある。

なお、リストラの憂き目にあっているS・A課長は、まだ自分に退職勧奨が申し渡される前に、たまたまアマゾンで拙著を見つけ、読んでいた。そしてリストラのからくりを知り、勧奨を受けてから約半年ほど経つが、今も退職を拒否しているということだった。久しぶりに再会を果たした時に、彼は筆者にこう言ってくれた。

「本を読んでおいて本当によかった。読んでいなければあっさり退職勧奨を受け入れていただろう。職場の居心地はいまだにすこぶる悪いけど、勧奨を受け入れた社員の数もかなりの数に上るみたいだから、そろそろリストラも終わるかもしれない」

友人は退職勧奨には応じないと決めていたため、面談時における上役の心理的な揺さぶりにも屈することなく、多方面から冷静に今後のキャリアを見極めているのである。

ちなみに退職勧奨面談に臨む上役は、事前に専門家からマニュアルを手渡され、それに沿った進め方をするよう教育を施されているものだ。いくら退職勧奨とはいっても、その面談のやり取りで部下の人権に触れるような応答があり、労働基準監督署や人権団体、労働問題を専門に扱う弁護士のもとに駆け込まれてはたまったものではない。

図らずも退職勧奨を受けてしまったら、とにかく冷静に対応することだ。

なぜNASAは爆発すると分かっているスペースシャトルを打ち上げたか

健全な職場のまとまり感には集団凝集性と相互牽制が必要だと述べた。そして集団凝集性は3つの要素に分解することができる。

集団凝集性を高める3つの要素

職場における、

■活動内容の魅力
■集団内対人関係の魅力
■集団の社会的威信の高さ

ただし、これまでにも見てきたとおり、集団凝集性が高いということは諸刃の剣なのだ。

ここでは、アメリカ航空宇宙局（以降、NASAという）の組織風土と不祥事について解説する。

ＮＡＳＡはこれまでにスペースシャトルを５機開発したが、そのうち２機が事故によって失われている。１機は１９８６年に打ち上げたチャレンジャー号であり、もう１機は２００３年に打ち上げたコロンビア号であるが、ここに衝撃の事実がある。実はＮＡＳＡのエンジニアは、この２機が爆発・分解することを事前に予見していたのだ。

それではなぜ、空中で爆発・分解してしまうようなスペースシャトルを打ち上げてしまったのか？

そこにはＮＡＳＡという組織の集団凝集性の高さが関係している。

ここでは、集団凝集性の３要素と照らし合わせて考えてみると分かりやすいかもしれない。

まずＮＡＳＡは、世界の宇宙開発競争の最先端をいく組織である（活動内容の魅力）。次にこの組織のメンバーは、世界最高峰の知識や経験を有した人材であり、そんな仲間と打ち上げに向けて切磋琢磨するのであるから、モチベーションも大いに上がるというものだ（集団内対人関係の魅力）。最後に組織や職業のすごさ、立派さに関する社会一般の認知の高さについても異論を唱える者はまずいないはずである（集団の社会的威信の高さ）。

では、そんな彼らがなぜ愚かな意思決定をしてしまったのか？　コロンビア号について見ていく。

NASA班長の一言がコロンビア号の事故につながった

集団意思決定のリスキーシフト（Janis 1982）

■状況的な文脈：
　外部からの強い圧力
　メンバーの一時的な自尊心の低下

当時、不況下にあったアメリカでは、莫大な予算を必要とするスペースシャトルの開発に対する風当たりが強く、実際に予算の削減に伴い、開発に関わる従業員も減らされていった。これらが外部からの強い圧力およびメンバーの一時的な自尊心の低下につながったのである。

また、打ち上げスケジュールを守らなければならないというプレッシャーも事故の原因になったと見なされている。

そして、NASAには飛行管理者（当時、リンダ・ハム飛行管理班長）という役職があり、エンジニアの上位に位置づけられる階級だった。その存在が意思疎通を妨げる原因にもなっていたようだ。飛行管理者が安全であると主張する以上、エンジニアは不安を口にしにくい組織風土があったし、実際コロンビア号事故調査委員会が「命運を分けた」と見なしている会議では、意見を求められても手を挙げるエンジニアはいなかった。そして会議は、リンダ・ハム班長の次の一言で打ち切りとなったのである。

「これまでのシャトルは戻って来たのに、今回だけは違うなんてことはないわ」

「沈黙の安全」と呼ばれるこの独特の風土は、チャレンジャー号の爆発事故を調査していた大統領委員会も指摘していた点である。これらの文脈は、この事故が起こるためのいくつかの条件（選考条件）に合致している。

■**選考条件**：

集団の凝集性が高いこと
組織構造に欠陥のあること
集団が孤立し、外部からの情報を取り入れないようにしていること
リーダーが支配的で、議論をコントロールする傾向があること
メンバーの社会的背景や思想が似ていること　など

日本企業に受け継がれる「沈黙の安全」と課長職のリスク

組織的な不祥事の原因のひとつに、集団凝集性の高さが挙げられることは多い。

日本企業は「終身雇用」「年功序列型賃金」「企業別労働組合」という、かつては欧米企業に称賛された日本的経営により、歪んだ集団凝集性を強化してきた。

この職場のまとまり感は、外部の刺激に対して内と外を容易に隔てる。また日本企業は外部の立場で経営を監視（ガバナンス）する体制の整備が遅れていると、組織構造の欠陥もたびたび指摘されている。また国籍、性別および学歴などにおいて同質性の高い社員達が、一所に集まって営々と同じ釜の飯を食ってきたため、メンバーの社会的背景や思想が似ていることも間違いない。

このように不祥事の下地が整った職場において、さらにリーダーが外部からの情報を取り入れず、支配的で、議論をコントロールする傾向があったらどうなるだろうか。特に日本企業で働くサラリーマンであれば、これまで「沈黙の安全」を実感したことが、少なからずあるはずだ。

だが不祥事の例に見られるように、「沈黙の安全」は安泰ではない。

なお、この「沈黙」をどう見なし、どう取り扱うかは職場のマネジメントに責任を負う課長に委ねられているのだ。

■**症状：**

不敗神話の幻想や集団固有のモラルの受け入れなど、自集団に対する過大評価
不都合な情報を割り引き、集団の外の人物をステレオタイプで判断するような閉鎖的精神性
異る意見に対する、自己検閲や他のメンバーからの圧力のような全会一致へのプレッシャー

そして、課長の観察した職場にこのような症状が出ていたら、それは組織が出しているSOSのサインだ。

従来の職場で恫喝タイプの課長は、課員の異論や反対意見に対して「俺の言うことが聞けないのか！」と凄んだ。だが同じ課長が、今後も同じようなマネジメントを続けるとすれば、ますます多大なリスクを引き受けなければならないだろうし、多様な課員の賛同を得ることはできないだろう。

では、これからはどうあったほうが得策なのであろうか？

ここでまた、例の「緑の血」課長を引き合いに出すことにする。

「部下を観察しないで発言することほど軽率なことはない」

当時、課には「緑の血」課長に食ってかかる課員もいた。だが課長はそれを咎《とが》めなかったし、課員も課長に食ってかかったからといって、不利益を被ることはないという安心感があった。「②公正さを基準化する力」が職場に浸透していたのだ。

それに当時、面白い話を聞いた。

これは「緑の血」課長がまだ係長だったころの上司・課長から聞いた話だ。その課長も異例の出世を遂げた人物であるが、何かの席でご一緒させていただいた。筆者が「緑の血」課長の部下だと告げると、課長のかつての上司はこんなことを話してくれた。

「あいつは自分が課長だった時、よく私に食ってかかってきたものだ」

筆者は驚いた。あの課長が人に食ってかかるなど、想像することができないからだ。ターミネーターには感情がないので、人に食ってかかることなどしない、それと同様に。

「正直疎ましいと思ったこともあったが、仕事は誠実にこなすし優秀だったので、あいつを課長に推すことにした。ただ、推薦する前に一つだけ本人に注文をつけた。これからお前が課長になるのなら、部下との関係は横綱相撲で行け。当然、『横綱相撲とは何ですか？』とあいつに聞かれたから、こう答えたよ。『ただ黙って部下の話に耳を傾けろ、それだけでいい、それだけで多くの部下は自分で勝手に分かるから』とね。

実は私も自分を課長に推してくれた上司にこう言われたんだ。『観察に勝る凄みはない。観察のない発言ほど軽率なこともない。部下は自分をよく観てくれていると思うからこそ、心からその上司に従うのだし、信頼するのだ。エンジニアにとって観察は当たり前のことだが、人の場合は観察＝聴くことなんだ』とね」

課長がすべき何より大切なこと、それは職場とメンバーの観察である。

職場のまとまり感を弱める技術、強める技術

職場のまとまり感が強すぎる場合、時としてその集団を誤った意思決定、行動に駆り立てることがあり得るということはお分かりいただけただろうか。

だが、そもそも集団で物事を議論し、判断し、決定していくのは、個人でそれをするよりもメリットがあるからだ。

集団による意思決定のメリットは大きく3つある。

1つは豊富な情報量と多角的視点、2つめは高まる受容度と実行可能性、そして3つめは責任の分散だ。はじめに1つめの豊富な情報量と多角的視点だが、これは例えばある課題とその解決策について、いくら優秀な一人の頭脳が考えても自ずと限界がある、だからそれを補うという以上の積極的な意味を持つものだ。このことは特に外資系のコンサルティング会社に在籍している時に強く感じた。外資系のファームでは、ディスカッションによる貢献を重んじていたからだ。

調味料の消費を飛躍的に伸ばすアイディアとは

それに面白い事例を知っている。

ある調味料メーカーが、家庭料理の出汁《だし》にあたる調味料の消費を飛躍的に伸ばすための方策を考えていた。だが、何回会議を開いて議論をしても妙案が浮かばず、ついにメンバーは煮詰まってしまった。そこに一般職の女性社員が入ってきて、お茶をかえようとした。

たまたまメンバーの中には女性社員の同期がいたので、そのメンバーはダメ元で彼女に「どうしたら調味料の消費を、飛躍的に伸ばすことができるだろうか」と聞いた。その話を聞いた彼女は、少し考えてからこう言った。
「調味料の容器は食卓塩や胡椒のようにシャカシャカ振って出すやつですよね。だったら容器の穴を大きくすればいいいんじゃないですか」。それを聞いたメンバーは膝を打った。男性メンバーだけで構成されたチームの誰もが、そんなことを考えもしなかったからだ。ちなみに調味料は出汁なので、たくさん出てしまっても料理の味に影響を与えない。かくして調味料の消費を飛躍的に伸ばすことに成功したのである。

次に2つめの高まる受容性と実行可能性だが、これは議論の過程に参加させてもらったほうが事情も分かるので、メンバーも自分事として考え、実行に対しても責任を持とうとする。逆に、自分の知らないところですでに決定したことを、ただやれと言われても人は納得しづらい。

筆者が新人のころもどちらかと言えば、若い奴は上の言うことに素直に従っておけばよいという雰囲気があったし、実際にそうであった。就職活動中の役員面接では、若者の視点で、まっさらな目で弊社の課題を指摘してほしいと言っていたはずだが。その弊害として、上役から降ってきた方針を自分の言葉で課に展開することができない課長が多かったのであろう。筆者がコンサルティング会社に転職した当時、そのような課題を抱える企業はたくさんあったからそう言えるのだ。

御社のバイト社員が社長に苦言を呈したら、彼の処遇はどうなるか

ちなみに先日ITの分野で名を馳せた経営者がこんなことを言っていた。「先日、あるアルバイト社員から、職場の在り方について苦言を呈されました」と。その経営者はアルバイト社員の言葉に耳を傾け、職場の改善に活かしたと言っていた。ひと昔前のマネジメントであれば、そのアルバイト社員は体《てい》よくクビになっていたことだろう。

だが時代は変わった。そのアルバイト社員に対する経営者の対応いかんにより、企業は苦しい立場に追い込まれるし、そしてまた企業の繁栄を左右する答えの在り処《か》も変わったのである。なぜならその経営者が率いる企業のITサービスを利用しているのは、アルバイト社員のような若者だからだ。

そして3つめの責任の分散であるが、日系企業は外資系企業に比べて責任を過度に分散させてしまう嫌いがある。

だがいずれにせよ、集団を構成するメンバーがそれぞれに責任を負うことにより、組織的な実行可能性はますます高まるのである。

まとまりすぎる職場では、革新的なアイデアは生まれない？

集団による意思決定には、個人による意思決定とは異なる固有の問題点も存在する。集団を構成するメンバーの相互作用により凝集性が高まり、メンバー間の均質性が高まった時の意思決定は、病理的集団思考に近い現象を生じさせる。それでなくとも多くの日本企業、多くの職場において今でも当たり前のように、阿吽の呼吸とか空気を読むという態度が適切であり、好ましいとされているのだ。

一見するとこのような態度は、職場の生産性を高めているように見なされるかもしれないが、例えば革新的なアイデアを柔軟に取り入れるような意思決定を下すことが難しい。革新的なアイデアは基本的に異質性を内包するからである。職場の生産性ももちろんだが創造性も求められる、いやむしろ、創造性が事業の趨勢を左右する昨今の経営環境において、仕事の進め方や意思決定のプロセスをショートカットする在り方は、大変な機会ロスを生んでいるのかもしれない。

そして、それだけではない。集団は基本的な安定性（凝集性）を確保するために、異質なものを排除する傾向を持つ（同調圧力）。だからこそ、今の職場ではまとまり感を弱める技術が語られるべきであり、それでも職場が機能する方策を考えるべきなのだ。なお、巷ではチームビルディングの手法など、職場のまとまり感を強める技術については語られるが、弱める技術については語られない。

では、職場のまとまり感を弱める方策とは何か？　それが、課長のためのスキルとして挙げた「⑥オープンさを保つ力」とダイバーシティなのである。このような能力や環境は職場に何をもたらすかといえば、それは異質性を許容することによる混乱ややりづらさであるが、代わりに創造性や相互牽制による健全性を取り戻すことになるのだ。

S・A課長のスキルと経過報告メール

ちなみに友人のS・A課長もこの点を強調していた。彼に、リストラに直面しているという立場から考える「課長という仕事の難しさ」をどう思うか？　という質問も投げかけてみた。彼はしきりにオープンさという言葉を口にしていた。オープンさとは何かと質問したら、どんな部下に対しても壁をつくらないように心がけている、報連相しづらい上司にはなりたくないと答えた。そしてこう付け加えた。自分が仕えた課長はそうではなかったのだと。

筆者はその言葉を聞いて、彼は現在の課長が置かれている環境を適切にとらえて行動していると感じた。そして彼の課長としてのスキルは、どこにでも持って行くことができると確信したのである。ちなみに、あれからまたメールをもらった。会社のほうに動きがあったそうだ。友人の許可を得て文章をそのまま掲載する。

「別の事業部と面談しないかとの打診を受けています。仕事の内容は社内ＳＥなので、仮にその仕事をするなら、どのようにして、会社に依存しないキャリアを確立できるか思案中です。面談は誠意を持って臨み、まずライフラインを確保する考えですが、やはり会社への依存度が増すことに危機感をもっています。年明けに紹介してもらった転職エージェントと会う約束を取り付ける予定です。そんな次第で、新井（筆者）と話をしたおかげで、ようやくそんなことを考えられるようになりました。ありがとう」

事態は筆者の予想通り好転していた。

友人の場合は、たまたま拙著の存在を知り、声をかけてきてくれたが、他にも自分の市場価値を知らないままリストラの憂き目にあい、苦境に立たされている人材がたくさんいるはずだ。そんな同世代のサラリーマンに希望を持ってほしいと思い、彼は掲載を許可してくれたのだ。

筆者は彼のフォーユー精神にとても感謝している。

課長は○○から見られている

スキルとしてのリーダーシップ術

第4章

あなたは鬼か仏か❶ そんなことはどうでもよい

これまで、こんな上司に仕えたことはないだろうか?
□自分の意に沿わないところかまわず怒鳴り散らす上司
□部下に意見や企画を出させて、批判するだけの上司
□自分の意見を示さず、責任を取ろうともしない上司

そんな上司がいたなあと具体的に顔が思い浮かぶ読者もいるだろう。

筆者もさまざまな上司に仕えたが、まだ自分が新人だった当時、部下を自分の机の前に立たせて怒鳴り散らす上司がいたものだ。仕事のできない新人に対する親心だったのだろうが、教育という名のもとに、今も同じような指導をしているのだろうかと考えることがある。

多くの大企業で上司と部下のコミュニケーションの在り方、取り方を徹底的に見直したいという依頼を受ける中、やはり指導方法も見直されなければならない。

他にも当時、欧米企業が導入し日本にも伝わってきたばかりのコーチングというコミュニケー

ション技法を用いて、周囲をひどく困惑させた上司もいた。

そもそもコーチングとは、ある課題に取り組む当事者（部下）自身が、自分の内に課題を解決するための最適な答えを持っているという前提に立つ。質問者（上司）はその上で、傾聴や質問などのコミュニケーション技法を用いながら、彼らが答えにたどり着くよう手助けするのだ。

だが、この上司のコーチングは、コーチングとは呼べないものだった。

その上司はプロジェクトの課題について、周囲に「君はこれについてどう思うかな？」と意見を求めるのだが、課員が意見を言うと「う〜ん、そうかな？」と異議を唱え、持論を展開しだすのである。課員の成長を期待して自力で考えさせようとするのであれば、もう少し考えさせるように技法を駆使すればよいだろうし、はじめから上司の答えで進めるのであれば、単に指示を出せばよいのに。

当時、この上司の後出しジャンケンのようなコミュニケーションの取り方に、周囲は大いにストレスをためていた。

また自分の意見を示さず、責任を取ろうともしない上司も確かにいた。

このようなタイプの上司は、まずは自分の意見を言わない。一見すると、部下の話によく耳を傾ける好ましいタイプの上司に見える。だが、部下の意見が職場の大勢の意見だということが分かったり、自分の上役が課員の意見に賛成していることが分かったりすると、部下の意見は途端に、ずっと以前から保持していた自分の意見にすり替わるのだ。

これは逆もしかりである。自分の賛同している、もしくは本来であれば自ら責任を負うべき部下の意見が、不測の事態で失敗のリスクにさらされたり、自分の上役から承認が得られそうもないことが分かったりすると、途端に自分は一度も賛同したことがなかった意見にすり替わってしまう。

このようなタイプの上司は、議論の過程であとあと、証拠となってしまうような議事録などは残さないことが多い。

評論家ぶって結局何も解決しないガラパゴス課長

さて、これまで3つほど厄介な上司の事例を挙げた。

職場のリーダーは本来、自社の方針と自課が果たすべき役割を自分の言葉で語り、メンバーを動機付け、そして彼らの成果や失敗に責任を負わなければならないものである。だが、残念ながらそのようなリーダーばかりではない。

図5
課長は「有能」以上に「前向き」が望ましい？
リーダーの特性

	米国			日本
	1993年	1987年	2002年	サンプル
正直な (honest)	87%	83%	88%	67%
前向きの (forward-looking)	71%	62%	71%	83%
わくわくさせてくれる (inspiring)	68%	58%	65%	51%
有能な (competent)	58%	67%	66%	61%

出典：金井壽宏著『リーダーシップ入門』（日経文庫）P.102 より

ちなみに図5は、米国のリーダーシップ研究におけるアンケート調査結果である。

調査対象者となったアメリカ人の大多数が、すばらしいリーダーの条件として「正直な（honest）」を1位に挙げた。それに対して日本人の大多数は、すばらしいリーダーの条件として「前向きの（forward-looking）」を1位に挙げたのである。

これもガラパゴス課長の条件として挙げられるが、彼らの多くが後ろ向きだ。複雑さ、前例主義、否定、彼らはこれらの言葉を口にする。

ここでいう複雑さとは、彼らの後ろ向きな姿勢を示す端的な言葉だ。彼らはいつでも「物事は複雑で、解決が困難だ」と主張する。そうすることで、「問題を解決する」という本来の責任を回避しようとするのだ。それだけではない。ガラパゴス課長は、問題を単純にとらえて解決しようとする者が、あたかも無謀な思慮の浅いバカモノであるかのような態度を取る。しかも、本来の実務家としての立場ではなく評論家としての立場で。

「バカな人ほど単純なことを複雑に考える」

だが物事の複雑さについて、京セラの創業者で現・日本航空取締役名誉顧問の稲盛和夫氏はこんなことを言っている。

「バカな奴は単純なことを複雑に考える。普通の奴は複雑なことを複雑に考える。賢い奴は複雑なことを単純に考える」

同じく20世紀最高の経営者と言われたゼネラル・エレクトリック会長兼ＣＥＯのジャック・ウェルチ氏はこう言っている。

「ビジネスは簡単だ。それをむずかしく考えようとする人は、何をやってもモノにならない」

あれほど大きな企業を束ね、変革を断行してきたトップがそう言っているのに、彼らは自らをネガティブなポジションに勝手に置き、頑なに複雑さを主張する。そして前例がない、自社には合わないと続けるのだ。

リスクマネジメントという言葉が日本に入って来た時、ガラパゴス課長はその言葉に飛びついた。そうして彼らは、あたかも高尚な議論を仕掛けているように振る舞いながら、本来であれば物事をスピーディーに決めて進んでいかなければならない会議を空回りさせ、時間ばかりを経過させ、職場を疲弊させるのである。

彼らのなんとも後ろ向きな思惑はこんなことだ。

「何も決めないことが自分にとって最良の成果だ。決めなければやっかいな仕事を押し付けられることもないし、責任を取らされることもない」

だが、ガラパゴス課長にばかり言及していてもしようがない。これからを考えると、もうガラパゴス課長には先がないのだ。

では自分はどうか、どう「前向き」であるべきか？ ここでは自分が上司の立場であるならば、課員に対してどう振る舞うべきかについて考えてみたい。

あなたは鬼か仏か❷　だが、課長は○○から見られている

まずは簡単に、類別されているリーダーシップのスタイルを紹介する。

以前にリーダーシップについて、鬼か仏かという議論があり、そのようなタイトルの書籍が出版された時期があった。さらに最近は、サーバント・リーダーシップという支援型のリーダーシップも紹介されている。サーバントとは直訳すれば奉仕者という意味になるが、これは従来からある支配型のリーダーシップとは対極にある概念である。

ここでは話を適度に単純化すべく、「鬼（父性的／支配型）」と「仏（母性的／支援型）」で解説を進めたい。

そもそも鬼か仏かの議論は、先にも触れたＰＭ理論を背景としている。ＰＭ理論は三隅二不二氏により提唱され、リーダーシップを集団機能という観点から類型化しようとするものだ。

集団は一般的に2つの機能により成り立つ。一つは目標達成機能（＝Performance function）であり、もう一つは集団維持機能（＝Maintenance function）である。

Ｐ機能は、リーダーが集団の生産性を高めるような働きかけをすることである。職場で考えれ

図６
鬼のリーダーシップと仏のリーダーシップ
リーダーシップのスタイル　PM理論

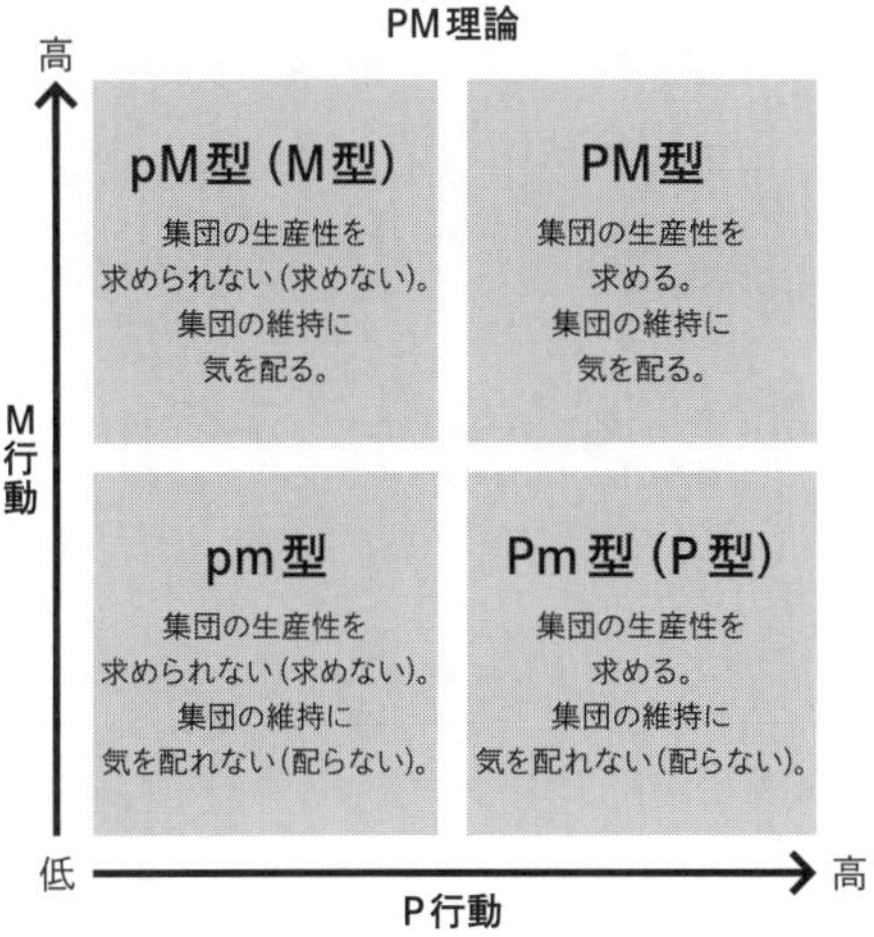
PM理論
高
M行動
低
高
P行動
pM型（M型）
集団の生産性を
求められない（求めない）。
集団の維持に
気を配る。
PM型
集団の生産性を
求める。
集団の維持に
気を配る。
pm型
集団の生産性を
求められない（求めない）。
集団の維持に
気を配れない（配らない）。
Pm型（P型）
集団の生産性を
求める。
集団の維持に
気を配れない（配らない）。

ば、業績の芳しくないメンバーやチームに対して、上司が叱咤激励するような働きかけが例として挙げられる。

Ｍ機能は、集団のチームワークを高めるような働きかけをすることである。同じく職場で考えれば、懇親会を開いて日頃の労をねぎらい、コミュニケーションを円滑にするような働きかけが例として挙げられる。

ＰＭ理論は、２つの機能の強弱により、リーダーシップを相対的な４つの類型に分類して評価する。図６は縦軸をＭ行動、横軸をＰ行動としており、アルファベットの大文字はその面が強いことを、小文字は弱いことを示している。

鬼（父性的／支配型）のリーダーシップとは、序列や権威など組織の規律を重んじるスタイルであり、目標達成を重視する。

このタイプのリーダーは、目標とした業績の達成など条件付きでメンバーを承認し、評価は客観的であることを好む場合も多い。また、意思決定は必ずしも周囲の同意や承認を重視せず、独断で行われる場合もある。

このようなリーダーシップが行き過ぎた場合、メンバーとのコミュニケーションが阻害され、メンバーのモチベーションが下がる、メンバーが失敗を隠す、メンバーの反発を招くなどの問題が生じ得る。

その一方で、仏（母性的／支援型）のリーダーシップとは、協調や寛容など組織の調和を重んじるスタイルであり、集団維持を重視する。

このタイプのリーダーは、目標とした業績の達成などとは関係なくメンバーを無条件に承認し、評価は主観的である場合も多い。また、意思決定は、独断で行うよりは、周囲の同意や承認を重視する傾向がある。

このようなリーダーシップが行き過ぎた場合、組織内の秩序が保たれず、メンバーのモラールが下がる、組織的な意思決定が遅延する、組織的な権限や責任の所在が不明確になるなどの問題が生じ得る。

ちなみに、リーダーシップの4類型とその集団効果については、さまざまな集団において実証研究が行われ、このような結果が出ている。

集団効果の基準を〝部下の意欲・満足度〟〝職場のコミュニケーション〟〝事故の低発生率〟とした場合、より効果的な類型はこのようになる。

PM型＞pM型＞Pm型＞pm型

また、集団効果の基準を〝生産性〟とした場合、より効果的な類型はこのようになる。ただし、〝生産性〟の場合、時間軸によって効果的な類型は変わる。

短期的には、PM型＞Pm型＞pM型＞pm型
長期的には、PM型＞pM型＞Pm型＞pm型

短期的に生産性を高めたい場合、リーダーはP行動を強めればよいのであるが、長期的にそうしたい場合は、PとMどちらの行動もバランスよく高いレベルで発揮するか、次善策としてはM行動を強めればよい。

いずれにせよ、どのような集団効果の基準を設定したとしても、長期にわたり同じチームで何かに取り組む場合、リーダーには相応のM行動が求められるということになる。

これは余談であるが、リーダーシップ研修などで、参加者に自らのリーダーシップを診断してもらうことがある。そして、自分は相対的にPとMどちらの行動が強いかを知ってもらうのだ。

参加者の多くは、自分のリーダーシップスタイルを少なからず気にしている。よく聞くのは、自分のリーダーシップスタイルに自信が持てない、メンバーに受け入れられているか心配だという声だ。だがその心配にはあまり意味がない。リーダーシップの問題はPかMかということではないのだ。

リーダーシップのスタイルを変えることはできるのか

ここまで教科書的な話をしてきたが、そもそもリーダーシップを矯正することは難しい。

なぜなら、リーダーシップの根幹は、その人物のパーソナリティに根差しているからだ。人間の発達心理学によれば、18歳にもなれば社会的なペルソナ（個人が社会や周囲の要請に応えるためにかぶる仮面「よそいきの顔」のことを指す）はほぼ出来上がってしまうのであるから、社会人になってそれを抜本的に矯正することはできない。

そうした前提に立った上で、あなたがはじめて仕えた上司のリーダーシップが、あなたのパーソナリティやペルソナと同一線上にあるとすれば、あなたのリーダーシップは上司のそれと同じスタイルで強化されるであろう。

また異なる線上にあるとすれば、あなたはかつての上司のリーダーシップを反面教師にするか、自分の本来のスタイルには合わないリーダーシップを選択して、自らを矯正することになるのだ。だが実際には往々にして矯正しきれるものではないし、そんなことをするよりは自分の持ち味を活かしたほうがよほど健全である。

だから筆者は、リーダーシップのスタイルなどどちらでもよいと言っているのだ。

リーダーは自分の持っている本来のスタイルを活かすべきであるし、実は課長が適切なリーダーシップを発揮するためにクリアしなければならないハードルは別にある。

リーダーシップとは、職場に対して行使する影響力であるがゆえに、その人物のセルフイメージと密接に結びつくものである。

セルフイメージとは、自分が自分のことをどのような人物だと思っているかという自己評価もしくは自己重要感のことを指す。そして、今どきの若者が強く持っているとされる承認欲求（自分の働きぶりや存在を認めてほしい）のように、満たされれば当然に高くなり、満たされなければ低くなるという性質のものに近い。

だが、セルフイメージはもっと根の深いもので、他にも幼少期の親子関係や思春期における対人関係、成功・失敗体験などもイメージの形成に大きな影響を与えている。そして、さまざまな要因により形成されたセルフイメージは、個人の基本的な行動原理を決定づけるのだ。

夫婦仲の悪い課長が17時以降に仕事を振る合理的理由

人間の行動原理には、欠乏感からくるものと充足感からくるもの、大きくはこの2つしかないと言われる。そして、欠乏感からくる影響力の行使はほとんどの場合、メンバーから自己重要感を奪う。この欠乏感とは例えば、自分が幸せでないから幸せになりたい、幸せな人が妬ましいという感情だ。これを職場のリーダーシップに当てはめると、リーダーが本当の自分は無力で無能だと感じているとすれば、部下はリーダーのそんな欠乏感を埋めるための格好の標的になる。具体的には、教育の名のもとに部下に対して威張ったり、部下を無能呼ばわりしたり、差別したり、いじめたりという行動によりだ。

他にもある。自分の家庭に問題を抱えているリーダーが、定時を過ぎてから部下に仕事を振ったり、深夜にミーティングを開いたりとメンバーにも無理な仕事の仕方を強要する等。

こうしてリーダーは、自分の真の問題や感情から目を逸らし、教育や仕事という名目で自分の行いを正当化するのだ。

これらの行動は、本来のP行動とはまったく違うのであるが、P行動という名目で欠乏感からくる影響力が行使されるケースがままある。

ちなみに、自己重要感を奪われたメンバーは欠乏感を感じて、今度は自分が他者から奪うのだ。これがハラスメントの連鎖である。

しかしながら、組織として自浄作用の働いている組織では、そのような人物の出世は途中で止まる。なぜなら日本企業における出世は、上位の階層に行けば行くほど〝評判〟で決められているからだ。

評価シートにそのような項目はないと反論されるかもしれないが、確かにそうした要素もあると同意してくださる読者もいるだろう。

派遣社員から見た、出世する社員しない社員の決定的違い

筆者の友人に面白いキャリアを積んできた女性がいる。彼女は大学卒業時に正社員としての就職が決まらず、財閥系の商社グループで人事サービスを提供する会社に、派遣社員として入社した。就活に失敗したと語る彼女はその後、外資系のＩＴベンダーに転職し、さらに外資系のコンサルティング会社でコンサルタントとして働くようになるのだが、これは派遣社員当時の話だ。

彼女は本体の社員の給与計算を任されることになったが、社員と給与や手当のことで話をする中で、出世して上り詰めていく社員には特徴があることに気付いたそうだ。

それは、自分たちのようなグループ会社の派遣社員にも威張らない、腰が低いということだった。

出世の早い社員の中にも威張る人物はいたが、いつも途中で出世が止まってしまったと彼女は語る。どのくらいのクラスで止まるのかと聞いたら、課長か部長と答えてくれた。

昇進後、あなたの「強み」は「弱み」になる？

M・マッコイはキャリアの転換（昇進などを含む）がうまくいかないケースについて、「脱線」を招く4つの理由をこのように挙げている。

■「強み」は「弱み」になる

ある人物を成功に導いた「強み」は、他の「強み」のほうがより重要になると「弱み」になることがある。

■見えなかった部分が問題になる

以前は問題とならなかった、あるいは「強み」や業績に隠されていた「弱み」や欠点は、新たな状況では重要な問題となる。

■成功によって放漫になる

成功によって人は天狗になり、自分は絶対であり、他の人の助けを必要としていないという誤った信念が生まれる。それは、「放漫になるなんて自分にはありえない」と思った瞬間に起こる。

■不運

個人の才能とは関係のない運命のために、脱線してしまうことがある。しかし、ときとして上記の脱線ダイナミクスのいずれかが重なって不運となることから、必ずしも運だけが脱線理由にはならない。

（出典：モーガン・マッコール著、金井壽宏監訳、リクルートワークス研究所訳『ハイ・フライヤー』プレジデント社）

確かに昇進後の新たな役割を担う上で、それまでの「強み」が「弱み」になることもあるし、見えなかった部分が問題になることもある。ただ、これらのことについては本人が本当に変わりたい、不足する能力を身につけたいと思えば、ある程度までは変われるはずであり、能力を開発することができるはずだと筆者は考えている。

高業績者の究極の行動特性・思考特性は「役割意識」であると先に述べた。彼らはより大きな役割を担うために自分を変化させることを厭わない。問題なのは、本人が変わりたくないと思っている場合である。これには変化に対して抵抗を示している場合や、成功によって放漫になっている場合があるだろう。

ちなみに筆者は、課長や部長クラスの昇格審査対象者に、論文や組織の課題を提出してもらい、それをもとに面談をすることがある。そして役員と相談して、その人物に不足する能力や欠落している視点をフィードバックするのだ。そしてその後、もう一度面談する。

実はその際に注目しているのは、不足する能力や欠落している視点そのものではない。能力不足や視点の欠如が、昇格者を決定する際の決め手となることは少ないのだ。

では、何に注目しているのか？

それは筆者からフィードバックを受けた人物が、次の面談までに何をして、どうその席に臨むかだ。特に宿題を出すわけではないが、前回のフィードバックをどう活かすかを真摯に考えて、対策を講じようとしている人物のポイントは高い。その人物の役割意識や変化への対応力など、重要なコンピテンシーの高さが分かるからだ。

だから、昇格審査の舞台裏で会社が課長に求める能力を、課長のための７つのスキルの一つ「⑤変化を積極的に取り入れる力」として抽出している。

キャリア論から見る課長のためのスキル

最後に、キャリアの転換がうまくいかない4つめの理由として、不運が挙げられていることについて補足したい。運というものが、多くの人々のささやかな好意や善意、または応援の蓄積によりもたらされているのだとするならば、出世して上り詰めていく社員は運を味方にする方法を知っているのだろう。

このような姿勢の重要性は、実はキャリア論の見地からも言えるのだ。

もともとキャリアは客観的、合理的な意思決定により選択されているという立場で研究されていたが、次第に主観的、直感的な意思決定も重要であるとされ、ついには「計画された偶発性理論（Planned Happenstance Theory）」が発表されたのである。

■計画された偶発性理論とは

キャリアの80％は予期せぬ偶然の出来事によって支配される。

将来の目標を明確に決めて、そこから逆算して計画的にキャリアをつくりこんでいくような方法は、現実的ではない。

むしろ優柔不断なくらいでよく、それはオープンマインドな状態であって、予期せぬ出来事を柔軟に受け止められる。

（Ｊ・Ｄ・クランボルツ　１９９９年）

自らの手でキャリアを切り開く人材、出世して上り詰めていく社員は、チャンスの多くが人の手によってもたらされることを知っているのである。

これは、キャリアは会社から与えられるもの、自分ではコントロールすることができないものだと思い込んでいるガラパゴス課長にはピンとこない考え方かもしれない。

だが多くの研究成果が、課長のためのスキルとして「④キャリアを客観視する力」を求めているのだ。本書にたびたび登場するＳ・Ａ課長の現状も、一見するとリストラの憂き目にあっているのだが、見方を変えればチャンスがやってきたといえる。

しかしながら、常にキャリアを客観視しておかなければ、やってきたチャンスの存在にすら気づけない。

やはり備えあれば、憂いなしだ。

プロ課長は、会議での「反対のための反対」を許さない

課長が適切なリーダーシップを発揮するためにクリアしなければならないハードルとは何だろうか？　それはリーダーシップの基準だ。

リーダーシップとは煎じ詰めれば、そのリーダーが示す判断基準のことを指す。だからリーダーシップを開発するための最適な機会は、より上位のリーダーのカバン持ちをして判断基準を理解することである。

これを人材育成の観点から考えれば、上位のリーダーは職務遂行場面で判断をしてみせ（やってみせ）、それから部下に判断をさせてみて（やらせてみて）、基準のズレがあればフィードバックを通じて補正していく。これを繰り返すことにより判断基準を共有していけばよい。

この観点で鬼か仏かの問題を取り扱うと、解決の糸口も見えてくるのではないだろうか。

どちらにも問題があるとすれば、それは職場に示すべき基準を逸脱してしまうことなのである。

鬼のリーダーは、ともすれば基準をはるかに超えた要求を課員にしてしまうのだし、仏のリーダーは基準に満たない要求を課員にしてしまうのだ。また基準そのものも曖昧であるため、予算

などの目標も達成されないことになる。

ここで目標という言葉を使ったので、基準と目標の違いを明らかにしておきたい。

筆者の使っている基準とは、職場内で守るべき公正さや価値観をルール化したもの、または組織の軸となる業績評価指標、能力評価指標などのことを指す。例えば、「緑の血」課長は会議などにおいて「反対のための反対」を禁じていた。

反対のための反対とは、どうすればできるかという態度で議論に参加するのではなく、はじめからやりたくない、もしくはできないという態度で、その理由をあれこれ並べ立てることである。ガラパゴス課長が得意とする手だ。だが、「緑の血」課長はこのような後ろ向きな姿勢により、実務が滞ることを許さなかった。それに、このような態度を許しては職場の士気も下がる。これも職場の課長以下のメンバーが守るべき「②公正さを基準化する力」である。

そして業績評価指標も例えば、その組織が売上という指標を重視するのか、それとも利益額なのか、はたまた利益率なのかによって、メンバーの動き方はまったく異なるものになる。

売上重視であればとにかく取引をかき集めるような動きになるし、利益率ということになればある種の取引は切り捨てるような動きになるのだ。

能力評価もまたしかり。重視すべき指標が明快であれば、尖ったメンバーが生まれやすいし、プロジェクトなども動かしやすい。反対に、メンバーに対してあれもこれもと指標をあてがえば、慎重にバランスよく物事を判断しようとする保守的なメンバーが生まれやすい。

数値目標には、その企業の病が潜んでいる？

次に、目標について。ここで用いている目標とは、いわゆる予算管理や目標管理と連動した数値目標だ。

なぜ筆者は基準と目標を分けるのか。

それは、予算管理や目標管理で扱われるような数値目標には大病が潜むと考えるからだ。予算管理や目標管理を取り入れている多くの企業は、その目標の病が管理者にとって大切な「②公正さを基準化する力」を麻痺させていると筆者は考えている。

だが、もともと目標とは社員のモチベーションと密接に関連づけられ、ツール化されてきたものだったはずだ。目標は、いくつかの条件を満たすことで、本人のモチベーションを高める効果を持つとされる。それは「納得した目標」「困難な目標」「明確な目標」そして「フィードバック」だ（E・ロック　１９６８年）。

現在、予算管理を目標管理と連動させて、組織や個人の業績を評価している企業は多い。しかしながら、社員のモチベーションを高めるために導入された目標管理は、すでに形骸化してしまった感が否めない。

どうして形骸化してしまったのか？　それは次の問題に取り組むことで明らかになる。

問題　予算の達成度合いで業績評価を行うことは適切か？

そもそも予算とは、予算期間における企業の各業務分野における具体的な計画を貨幣的に表示し、これを総合編成したものをいい、予算期間における企業の利益目標を指示し、各業務分野の諸活動を調整し、企業全般にわたる総合管理の用具となるものである。

（財務省「原価計算基準」）

そして予算管理の目的は大きく3つある。

■計画設定と責任の公式化

経営者は、予算計画を設定することにより将来自社にどのような変化が生じ、その変化に対していかに対処すべきか認識する。また予算管理は、利益計画を明確な部門管理者の責任として公式化する。

■調整と伝達

予算担当者は、経営層から示された利益計画と予算編成を通じて部門管理者から示された目標値との調整および部門間の調整を行う。また個人は、予算を通じて自己に期待されていることを理解する。

■モチベーションの向上と業績評価

経営層は、部門管理者を予算編成に参画させることで管理者のモチベーションを高めるとともに、予算達成に向けたコミットメントを促す。また部門管理者は予算を通じて目標を認識し、自己管理する手段となる。

ただし、予算管理の目的を実現するためにはいくつかの前提条件が満たされる必要がある。

予算管理と目標管理、業績評価を連動させるための前提条件

■業績の水準と配分など「正確な」予算であること

例えば売上高予算は、過去の売上高から将来の売上高を予想する販売分析、市場環境の動向に

関する市場分析、また経営方針との整合性、これら3つを総合的に考える必要がある。

実際、販売分析や市場分析は多くの要素が予測や推測に基づくものであり、結果として導きだされた数値も当然、正確とはいえない。

■必要な権限が被評価者に委譲されていること

2つの基本的権限、投資権限と人事権は被評価者（部門）に委譲されている必要がある。ただし、伝統的に日本企業では、事業部門長であっても2つの基本的権限が100％委譲されることはほとんどなく、本社機能がこれを担ってきた。

■業績評価は社員のモチベーションを高めること

業績評価の究極の目的は、経営目標の実現に向けて社員のベクトルを揃え、行動を取るよう動機付けることである。近年ますますトップダウンによる予算編成から、課長クラスの社員も編成活動に参加させる企業が多くなってきた。

ところが予算を業績評価の基準値とした場合、被評価者たる社員は予算編成にあたり、どのような態度にでるか？

参加型予算では、売上予算は高すぎるとその達成が難しくなるので、低めの数字が提出される。経費予算は期間中に足りなくなっても追加請求は困難なことから、高めの数字が提出される。また経費予算が前年度の実績ベースで策定される場合には、余った予算でも無理やり消化しようという行動にでる。

このような余裕部分は予算スラック（Budgetary slack）と呼ばれる。予算の提案者と承認者はこの予算スラックをめぐり駆け引きを行う（予算ゲーム：Budgeting game）のである。

この予算ゲームはどこでも行われ、回避することは難しい。

このように、企業の背骨となるはずの予算制度、目標管理・業績評価は多くの問題を抱えている。筆者が関与したどのクライアントも同じ問題に頭を悩ませているし、目標管理をやめてしまったクライアントも知っている。

いずれにせよ、目標はその職場を測る基準のひとつにしか過ぎない。基準化すべき公正さは他にも確実にあるはずだが、病に侵された経営幹部はこう言うのだ。「結果がすべて」と。そう言い放つ幹部は、悩みの中で「②公正さを基準化する力」を育むことを手放し、自らの管理責任を放棄していることに気づかない。

ダメな課長ほど、成果を出す部下をつぶしてしまうのか

目標だけでは、これからの職場をマネジメントすることは難しい。

目標の達成に向けて職場が一丸となるためにも、職場環境の整備がこれまで以上に求められる。そのためのはじめの一歩として、職場の公正さとは何か、ということを明らかにすることが急務といえる。それができなければ、職場はある日ブラック企業のレッテルを貼られてしまうだろう。

だから筆者は、鬼か仏かを論じるよりも職場が従うべき明快な判断基準を示し、それに自ら率先して従うことが課長の務めであると考えるのだ。そしてリーダーシップのあるべき姿という意味では、基準からの逸脱を議論すべきなのである。

だが実際には、この議論の俎上に載せた鬼や仏のリーダーとはまた異質な、職場のマネジメントという意味では非常にタチの悪いリーダーが存在する。それは基準を操作してしまうタイプのリーダーである。

そのようなリーダーは、仕事で明快な成果を出そうとする部下をつぶしてしまうか、メンタル

ヘルス不全に追い込む。実際、ガラパゴス課長がよくこれをやってしまうのを幾度となく見てきた。

彼らは自分が物事を決められないし、決めるための基準やその優先順位も部下には示したくない。部下に対して基準を明らかにしてしまったら、気の利いた部下であればそのいくつかの基準に沿って、さっさと仕事を片付けてしまうからだ。そのスピード感も困る。彼らにとっての最善は、何かをしているフリはするが、実際には何もしないことなのだから。

来客時のお茶出しに現れる職場の公正さ

一方、だからこそ賢明な課長には、「②公正さを基準化する力」が重要なのだ。公正さを基準化する力は様々なレベルで発揮される必要があるのだが、ここでは簡単な事例を挙げたい。

「緑の血」課長は外部の人間と打ち合わせをする際、自分で自販機のお茶を買って出していた。それまでの課長は、当たり前のように女性課員にお茶出しを命じていたにも関わらずである。

また、これはある経営者の話である。ある日、打ち合わせを終えて社長がエレベーターまで見送ってくれたのだが、ちょうどその時、同社の社員がエレベーターから降りてきた。そして我々を見かけると恐縮したような態度を取った。筆者が「社長と鉢合わせて、恐縮しているんですね」と言ったら、社長はびっくりした顔で、手を振りながらこう言った。

「いやいや、新井さん（筆者）に恐縮しているんですよ。社長なんてただの名札ですから、職場でも過剰に気を遣う必要はありませんし、休み時間中に仕事を離れてまで気兼ねする必要はもっとありません。社員にもそのように接しているし、その意図は理解してくれていると思います」

筆者はその社長の言葉を聞いて、彼にあらためて好感を持ったのだが、いかがだろうか。

ちなみにその社長も、来客時は自分で社内の自販機に飲み物を買いに行く。

確かに役職者、課長であれば威厳を保つことも必要であろうし、時にはポジションパワーを行使して、職場を統制しなければならないこともあるだろう。だが、それだけで職場を統制しきれる時代はとうの昔に終わった。お茶出しなどは一例に過ぎないが、ダイバーシティ・マネジメントで求められる公正さとは、性別や年齢、ライフスタイルに対する考え方などを異にする人材が集まった場でも適用し得る、みなが共感し、納得することのできるルールを指すのだ。

結局リーダーシップは職場環境の理解と技術だ

これからの「正義」の話をしよう、そんなことが大学で講義され、書籍としてベストセラーになる時代である。ということは、これからの正義はこれまでの正義と違うということであるし、正義は個人や個人がその時に置かれた立場、地域や民族、そして国家によって異なるということなのだ。

同じことをこれからの職場に置き換えて考えるとすれば、職場のメンバーが共通の利害を前提としなくなりつつある今、メンバー一人ひとりによって職場の公正さは異なるということなのである。

では職場の公正さを決めるのは誰か？

それは課長である。課長が決める公正さは、職場のメンバーと議論した上で、その最大公約数を採ることかもしれないし、人事部などにも相談しながら個別に適用することかもしれない。いずれにせよ、課長は職場環境の変化を積極的に取り入れながら、公正さの番人として、ある時はなんとしても公正さを遵守し、ある時は潔く変えてしまわなければならないのだ。特にダイバーシティに対する理解が遅れている企業などでは、経営者と職場の板挟みになることもあるかもしれない。

だがこれからは、職場やメンバーをよく観察し、そこにあるべき公正さを見極め、そして公正さを基準化する力（基準化する力には観察力と見極め力を含んでいる）を発揮しなくては、職場のマネジメントはできないと考えたほうがよいであろう。その上でリーダーシップという名の影響力を行使していくのである。

それが実現できていたから、「普段何を考えているのか分からない」「表情に乏しい」と周囲から言われ続けた「緑の血」課長も、メンバーの信頼を集めることができたのであろう。

上役のカバン持ちができない場合のリーダーシップの高め方

リーダーシップを開発するには、上役のカバン持ちをするのが最適なトレーニングであると先に述べた。だが、上役のカバン持ちというポストはないという課長のために、最後にベンチマークによるリーダーシップの開発プロセスを記述しておく。

リーダーシップを高めるには、■気付く、■演じる、■振り返る、■技化するというプロセスを繰り返し行う必要があるのだ。

■気付く
自分の思考や行動特性のほかに、他者と接する際の癖や話し方などを把握することが出発点となる。鬼か仏かというような個人的特性から乖離したリーダーシップを追求しても、学びのための学びに終始してしまい、成果はあがらない。自分の性格や身体的特徴も含めて、まずは己を知ることが出発点となる。

■演じる
自分の思考や行動特性に近い特性を持ち、好感の持てる人物で他者に影響力を行使した（している）人物の振る舞いを観察し、躊躇せず真似ることでリーダーシップを発揮する際のコツをつかむ。リーダーシップは体形、顔つき、声などの身体的特徴により独特の振る舞いを帯びることがあるので、まずは現存する身近な人物を真似ることをお勧めする。

■振り返る
行いを振り返り、自分の特性に合致する、合致しない行動、改善すべき行動を洗い出し、振る舞いの修正を図る。あわせてコミュニケーション・スキルの習得など、振る舞いを改善するために必要な能力開発を行う。この段階で他の技術的要素を付加していくことにより、今後の職場に求められる技術的なリーダーシップの原型が完成する。

■技化する

リーダーシップは、〝気付く〟〝演じる〟〝振り返る〟ことを通じて、個人のスタイルが確立する。同時に自らのスタイルが万能でないことを把握し、さらにリーダーシップに幅と深みを持たせるよう磨き込んでいく。ある人物の万能なリーダーシップなどは存在しない。複数の人物からスタイルを盗むことで〝自分らしさ〟が生まれる。

このような開発プロセスを繰り返して高められたリーダーシップは強い。誰しも自分の良さや癖のことは分からないが、他人のことはよく分かるものだ。

はじめに自己を分析することで自分らしいリーダーシップの原型や課題を知り、次に他者を観察することで、当面のあるべき姿を描く。そして現状とあるべき姿のギャップをＰＤＳ（Plan：計画、Do：実行、See：評価）のサイクルで埋めていくのだ。まさに、問題解決や能力開発の王道である。

すごい課長は
飲み会に呼ばれる

生産性を高めるコミュニケーション術

第5章

跳ねっ返りの部下をたしなめた一言
「君ほどの人物が…」

職場の生産性を長期的に高めていくため、リーダーは相応のM行動（集団維持機能）を取らなければならない。これは先述したとおりだ。

そして昨今のリーダーシップや職場マネジメントの文脈で、課長の〝人間力〟が問われているのは、これまでの物事の運び方・コミュニケーションが通用しなくなった証しに他ならない。だがコミュニケーションというものは難しい。

毎年職場のコミュニケーションを含むヒューマンスキル研修（職場の対人関係や仕事の進め方を改善する研修）に企業は多くの予算を取るが、成果は企業によりまちまちである。別に社内公用語を英語にしようとするわけでもないのに、なぜそうも成果に差が出るのか？

その理由について筆者は、受講者が結局日常の延長線上でしか職場のコミュニケーションをとらえていないことと、もう一つはある種のテレがあることだととらえている。日本人は人を褒めたり、自分の気持ちを表現したりすることが苦手な民族だと言われる。

だがここでは、民族性を抜きにしてコミュニケーションを技術的にとらえていくことにしたい。

なにせ、職場のコミュニケーションは課長の仕事なのだ。

では具体的に、コミュニケーションが決してうまいとは言えない「緑の血」課長がどんな仕事をしたのか、一例を挙げたい。

ある日、筆者は職場の先輩と仕事のことで言い争いをしたことがあった。筆者は自分の主張が正しいと信じていたので、それ以上、不本意な形で仕事を進める気はまったくなかった。先輩からは「お前はだから駄目なんだ」とか「社会人としてやっていけない」などと言われたが、それでも素直に先輩の言うことを聞く気になれなかった。

そして先輩とにらみ合った状態のまま数日が過ぎ、ついには課長に呼ばれた。筆者は課長から「〇〇（先輩）の言うことが聞けないのか！」とドヤされるのかと思い、内心びびっていた。だが狭い会議室で相対した際、いつもの表情に乏しい顔のまま快活とは言えない声で、課長はこう切り出したのだ。

「君ほどの人物が、どうしました？　今回はらしくないね。……」

以降のくだりはよく覚えていないが、要はたしなめられたのだ。

だが、筆者は簡単にたしなめられてしまった。「君」という言葉の次に「ほど」が入っていたり、「今回は」が入っていたりしただけで。咎められているのにまったく悪い気持ちがしなかった。

それまで「君ほどの人物」などと前置きされたことが一度もなかったからだ。

思い起こせば、「緑の血」課長がメンバーの人格に触れるような発言をしたのを聞いたことがなかった。むしろ個々の人格に対しては、当時の筆者のような新人に対しても敬意を払う発言をしてくれていた。そんな課長の言葉ばかりが印象に残っている。

今「緑の血」課長のコミュニケーションを分析してみて思うのは、基本的にポジティブな言葉が先にくることだ。頼まれていた資料を提出した際も、まず返ってくる言葉は「うまくまとめたものだね……」。その後、修正点の指摘があるのである。

プロ課長はなぜアドラー心理学を学ぶのか

その後、人事コンサルタントとしてコミュニケーションについて研究を重ねるにつれ、「緑の血」課長がコミュニケーション技術を高める上で、大いに参考にしたであろうアドラー心理学というものに出合った。

アルフレッド・アドラーが確立した心理学は、勇気づけの心理学といわれ、その内容は職場のコミュニケーションを考える上で大いに参考となる。アドラー心理学が主張する勇気と勇気づけとは、以下の3つを指す。

勇気とは、

・リスクを引き受ける能力
・困難を克服する努力
・協力できる能力の一部

勇気づけとは、自尊心と達成感を与えるための継続的なプロセスである。

（出典：岩井 俊憲著『勇気づけの心理学』金子書房）

勇気づける人の資質は、対人関係において7つの技術を活用することで開花する。

なお、勇気づけの反対は勇気くじきであるが、これまでの職場では勇気くじきの技術が仕事という名のもとに、教育という名のもとに正当化され乱用されていたといえよう。

ブラック企業として報道される企業では、今でも勇気くじきの技術がコミュニケーションの基本となっており、行き過ぎた悪辣な言葉はうつ病患者を生み、終には自殺者を生む。

さて、そんな環境において、これからの課長は勇気づけの技術をマスターするのが得策か、かっての職場にあった勇気くじきの技術を固持・踏襲するのが得策か、答えは明白だろう。

職場の生産性を上げる「勇気づけ」のコミュニケーション技術

《勇気くじき》		《勇気づけ》
減点主義	⇕	加点主義
ダメ出し	⇕	ヨイ出し
結果重視	⇕	プロセス重視
競争原理	⇕	協力原理
人格軽視	⇕	人格重視
聴き下手	⇕	聴き上手
失敗を非難	⇕	失敗を受容

■**尊敬と信頼で動機付ける**

勇気づける人は、他者との関係において尊敬と信頼を重要視し、他者の重要感を満たそうとする。また尊敬・信頼する姿勢は、他者からの尊敬と信頼を勝ち得るための基本的条件となる（好意の返報性：返報性とは、他人がこちらに何かをしてくれたら、そのお返しをしたくなる心理的傾向）。

これに対して勇気をくじく人は、恐怖で他者を動かそうとする。他者を動かす原理として恐怖を用いた場合、その典型的な反応としてファイト・オア・フライト（戦うか、逃げるか）ということになる。

恐怖の与え方はさまざまだが、例えば「どうして君だけこんなこともできないんだ！」など、当人の自己重要感を日常的に著しく損なうような恐怖の与え方をするのは、絶対に避けるべきである。

そのような場合、当人はストレスにさいなまれてモチベーションが低下し、さらには働く意欲そのものも低下して、本来持っているはずの力を発揮できなくなってしまうだろう。

また脳生理学的な見地からすれば、創造性は右脳と左脳の連絡が活発に行われる際に発揮されるが、恐怖の存在は脳内の連絡を遮断し、その機会を失わせることになるのだ。

■楽観的（プラス思考）である

勇気づける人は、楽観的あるいはプラス思考で他者に接することで、他者の行き詰まりを軽減、または解消しようとする。これにより、当人が新たな視点や打開策を見出す手助けをする（リフレーミング効果）。

これに対して勇気をくじく人は、悲観的あるいはマイナス思考で他者に接する。このような接し方は、当人を勇気づけることはおろか、さらに追い討ちをかけ、当人を落ち込ませる結果となる。

ただし、楽観的であるということは、現実から目をそらすことではない。どのような困難にも立ち向かう覚悟ができており、困難を克服するための努力をしつづけるタフさを持っていることが必要である。

なお、集団心理学の見地から、楽観的、プラス思考の人間ばかりで意思決定を行う場合、個人の見解よりはるかに楽観的な（無謀な）結論に至ってしまうことがあり得る（集団極化）。

したがって、企業においては楽観主義者も悲観主義者も同様に存在する必要があり、リーダーは意思決定において両者のバランスを取るだけの知恵と柔軟性を備える必要がある。

■目的（未来）志向である

勇気づける人は、問題解決のアプローチとして「結果志向」で他者に接することで、問題を起こした当人を責めることに終始することなく、その問題が解決した状態を当人と共有し、速やかに行動に移す。

これに対して勇気をくじく人は、問題解決のアプローチとして「原因志向」で他者に接する。このような接し方は、単なる犯人探しに終始し、なんら生産的な打開策に着手できないまま当人を苦しめる。

原因志向は、例えば不幸な環境や否定的な要因があり、現在、問題を抱えている場合、当人を被害者・犠牲者と見なすのみで、将来に向かって現状を変えていくための当事者意識や主体性を与えない。

また原因志向は、なぜ、どうしてという質問を誘発させることになり、その問いの後には過去の否定的材料が並ぶことになるのだ。このように過去に焦点を当てた否定は、互いの尊敬と信頼関係を傷つけることになる。

これに対して結果志向は、創造的・建設的に「自分は運命の主人公」として受け止め、現状に対して自らの意思で、能動的に対応していくことを手助けするアプローチである。

■聴き上手である

勇気づける人は、他者の話に耳を傾ける真摯な態度とスキル（傾聴のスキル）を身につけることで、他者から重要な情報を引き出すとともに、当人が自発的に問題解決の糸口をつかむように仕向ける。

これに対して勇気をくじく人は、他者の話に耳を傾けず、一方的に自分の意見や命令を押し付ける。このような態度は、他者に尊敬を払わない態度の現れであり、当人のモチベーションを著しく低下させる。

聴き下手は、普段からマイナス情報を退ける行動を取っていることになる。そのため、不祥事原因が発生した際に、これに適切な措置を取るための必要な情報を入手できない場合が多い。

また聴き下手は、重大な不祥事の背後には、29件の小さな違反が存在し、その背後には300件の違反行動につながり得るマイナス情報が隠れていることを認識すべきである（ハインリッヒの法則）。

また聴き下手は、さまざまな情報が円滑かつスピーディーに伝達されることの重要性を認識し、相手のコミュニケーションスタイルにも配慮しつつ、自らの日常行動を観察、改善する必要がある。

■大局を観る

勇気づける人は、より高くて幅広い視点、より長期的な視点から物事の本質に関心を持って行動し、他者に対してもまず本質的に重要なポイントを指摘してから、細部に言及するよう心がける。

　これに対して勇気をくじく人は、木を見て森を見ない。他者の関心事や主張に目を向けず、例えば、「この文書の句読点は、位置がおかしい」「言葉遣いがおかしい」など枝葉末節な議論に終始する。

　確かに、細部を指摘しなければならない仕事もある。ただし、細部にだけしか目を向けず、全体像を見失ってしまえば、本来であれば仕事の目的を達成するための指摘が、指摘のための指摘となる（手段の目的化）。

　細部にこだわる人は、その人なりの価値観、物の見方を離れることができず、それを尺度として他者に押し付けることになる。それでは他者に敬遠されるばかりで、ともに議論の質を高めることはできない。

　これに対して大局を観る人は、自分の私的な論理に気付き、これを他者に伝えつつも共に議論の質を高め、他者と合意できるより幅広い感覚で対処することができる。

■ユーモアのセンスがある

　勇気づける人は、「他者を結びつける情動」と「他者と分離させる情動」の違いを理解し、前者の情動、すなわち笑いとユーモアを積極的に活用することで、他者と結びつき、希望を見出させようとする。

これに対して勇気をくじく人は、その悲観的、過去を志向した言動から他者をますます深刻にさせ、辛くさせる。このような態度は他者を周囲から分離し、閉鎖的な態度をとらせることになる。

笑いやユーモアには他者との結びつきが見られ、その表現の中には他者とともに遊び、分かち合い、楽しむという傾向が示されている。それは他者へ手を差し伸べ、ともに向上を目指す温かさがある。

W・B・ウルフは、「笑えば世界は君とともに笑い、泣けば君は一人で泣くのだ」という諺とともに、「ユーモアやジョーク、洒落、喜劇が人生を有効に使うためにどんな役割をするかを考えてみてもよいだろう」と提案した。

歴史上、一部のリーダーは特に組織が閉塞状態に陥っている時、苦境にあえいでいる時、笑いやユーモアを効果的に活用することで、組織内の求心力や活力を高めた。敵をも見方に引き入れた。

勇気づけの技術はいかがだろうか？　中には言っていることは分かるが、そんなスタンスだと部下になめられる、つけあがると感じる読者もいるかもしれない。

だが真剣にマスターすればギスギスした職場、生産性の低い職場でも必ず変えることができると筆者は信じているし、実際に変わっていった職場を多く見てきた。

ちなみにこれらの項目のうち、いくつかは心がけ次第ですぐに職場のコミュニケーションに取り入れることができる。だが「聴き上手である」についてはその技術を習得するために一定程度の訓練を必要とする。

そして「ユーモアのセンスがある」についても、これからの職場においてはますます重要になるだろうと筆者は考えている。

飲みニケーションがこれからの職場では弊害になりかねない理由

なぜユーモアのセンスが必要なのだろうか。これからの職場には共通の利害を前提としない多様な人材が集うのだ。とすれば、ますます繊細な気遣いやコミュニケーションで互いを理解する必要がある。

だが、これまで職場のまとまり感を高める手段として用いられてきた飲みニケーションはもう通用しないであろう。むしろ飲み会の多い職場は嫌がられるかもしれない。

なぜなら女性が育児と職場、2つの意味で活躍するためには、パートナーの全面的な協力が必要不可欠だからだ。そうなると、日々職場内で定時退社しなければならないメンバーが必ず出てくることになる。それに今どきの若者も日本的な、強制力を伴う飲みニケーションを嫌がる。職場で感じるプレッシャーの延長線上にあるような飲み会には参加したくない。

では、これからの日本企業の職場は、欧米企業の職場のように上司とも同僚とも飲みに行かない、そんな風になるのだろうか。それも考えづらい。

やはり自分の仕事や生活の悩み、苦労について話す相手が欲しいのだ。

その時、誰に相談するか?

日本人はまだまだ横並び意識が強いため、物事を判断したり決定したりする際に年齢や性別、所得、生活環境など自分と似た他者の意見を聞きたがる。このように状況が曖昧な時、人は自分と似た他者の態度や行動を正しいと考えてしまう、その心理的傾向を「社会的証明」という。

日本企業のサラリーマンが自分と似た他者を見つけるのは簡単だ。彼らは職場にいるのだから。

「プライベートな飲み会に誘ってもいい課長」こそ目指すべきスタンス

だがこれからは、これまでとは少し事情が異なる。

職場という企業が設計した組織の単位を似た者同士とするのではなく、各人がより任意かつ自由に自分と似た他者を社内に探し求めることになる。これからの企業におけるダイバーシティ・マネジメントは、組織という枠を外して、公私ともに同じ課題に直面している者同士をつなぐ役割も求められるだろう。

人事部もこれまでのように、組織や人事制度の設計に適った階層別研修や職種別研修を社員に提供するだけでは不十分となる。

さて、このように環境が変化する中で、オフィシャルな職場のトップである課長はどんなスタンスで臨めばよいだろうか。これは筆者からの提案であるが、課という単位を離れても、メンバーから飲み会に呼んでもらえるような存在を目指してはどうだろうか。

そのためにユーモアのセンスが必要なのだ。これはなにも、お笑い芸人のような面白い人を目指そうということではない。社員におやじギャグを連発しようと言っているわけでもない。

一緒にいて、少なくとも重荷にならない人をまずは目指してはいかがだろうか、ということなのだ。それでなくとも課長はポジションパワーを持っているので、メンバーにとっては気を遣う存在なのである。そのハードルを乗り越えて、メンバーからプライベートな飲み会に呼んでもらうにはそれなりの工夫が必要だ。

ちなみに、「緑の血」課長はどうであったか?

もちろん、ユーモアのセンスを期待することはできなかったが、プライベートな飲み会にも誘いやすかった。課長が私的な場に職場の強制力を持ち込むことは、皆無だったからである。それに、メンバーから飲み会に誘ってもらうことを喜んでいた。

部下からの信頼感を高める「傾聴」の技術

まずはメンバーの話をよく聴き、それから上司は「君はどう思うんだい?」と質問する——評価者研修や部下の育成研修、もしくはコーチング研修でこんなことを習った読者もいるかと思う。ちょうど2000年頃だろうか、コーチングというコミュニケーション技法を日本に広めるべく専門の団体が立ち上がりはじめたのは。その後、心理カウンセリングの技法もビジネスシーンに取り入れられるようになった。

どちらも「傾聴」を基本とする技法であるが、この傾聴というものが実に難しい。

傾聴とは、相手の話を受容・共感する態度で、真摯に耳を傾ける行為や技法のことを指す。筆者も業務開発の一環として約7カ月間、土日を使って心理カウンセリングの技法を学んだことがあったが、相手を判断するような枠組みを外して、ただ聴けと何度も言われて相当に苦労した。自分の中に相手を判断するような、どんな枠組みがあるかも分からなかったからである。

ある時講師が、傾聴している状態とは一体どういう状態かということをズバリ教えてくれた。まず相手（クライアント）とカウンセラーが相対して、椅子に座る。それから、カウンセラーの後ろにクライアントの顔が見える状態で、もう一人の人間が別の椅子に座る。そしてクライアントが話すすべての言葉を、つぶやき程度の声で復唱するのだ。

傾聴とは、クライアントの語る言葉を細大漏らさずにつぶやき返すことと同様なのだ、と講師は言った。もし機会があったら読者も試してみてほしい。筆者もこのワークを体験して、いかに聴くという行為が難しく、疲れるものか、そして傾聴とは日常生活で聞くという行為とはまったく異なる、確かな技術なのだということを知った。

このように、習得するには相応の訓練を必要とする傾聴であるが、身につける意義は大きいと筆者は考える。

リーダーがメンバーの話を傾聴しようとする姿勢は、職場内に安心感を生むし、リーダーに自分の気持ちを聴いてもらえたという感覚は信頼感を醸成するからだ。

ちなみに傾聴のちょっとしたコツは、これから「傾聴に入ります」という合図を相手に送ることである。それは相手に、「その件について、君の話をじっくり聞かせてほしい」と言葉で合図を送るか、または姿勢を正すというやり方もある。知人の心理カウンセラーは会話の中で傾聴が必要だと感じると、それまで正対の位置にいたのを少しだけずらして（スピリチュアリスト江原啓之氏の座り方。見方によればおネエ座りのように見える姿勢で）座り直していた。

このように同じ合図を相手に送っていると、相手もそれに応えるようになり、より内省が深まるのだ。そして、その傾聴に効果的な質問の技法を付け加えることで、相手の内発的・自発的な気づき、答えにたどり着くのを手助けするのがコーチングであるといえる。

ちなみに、未熟なコーチは選手の好調または不調の原因を探り当てて指摘しようとするが、熟達したコーチは選手が好調の時にやっていたこと、そして今やっていることを確認し、選手が自分で自身のコンディションや必要な練習に気づけるように促す。

この事例からもお分かりいただけるとおり、良いコーチとは指導者ではない、支援者なのである。

コーチングが有効なのは、「心が健康でやる気のある部下」に対してのみ

またこのコーチング、時として人材育成の万能薬であるかのように語られるが（特に実施団体は自らのサービスをイチオシするものであるが）、そんなことはない。主に2つの視点、1つはメンバーのモチベーションの視点、そしてもう一つは部下の成熟度の視点から留意すべき事柄を指摘することができる。

まずはモチベーションの視点であるが、コーチングは「心が健康で仕事に対するモチベーションも一定レベル以上にあるメンバー」に対しては有効なので用いてもよいが、「心が不健康で仕事に対するモチベーションも一定レベル以下に落ちてしまったメンバー」に対しては用いてはいけない。

メンタルヘルス不全など、心の健康が阻害されてしまったメンバーにコーチングを用いることは、うつ病患者に「がんばれ」と声をかけるようなものなのである。心が不健康なメンバーには、カウンセリングの技法を用いることが妥当であろう。

リーダーがとにかく真摯に聴くことに努めれば、メンバーは胸のうちにたまっているものを吐き出すことができ、心のゆとりや冷静さを取り戻すことができる。また物事を客観的に見られるようにもなり、置かれた状況や抱える問題を打開する手立てにも意識が向くようになる。

ちなみに胸のうちを吐露してすっきりすることを、カタルシス（浄化）効果という。筆者もカウンセリング技法を学んでいる間、多くのクライアントがカタルシスに至り、顔色や表情がみるみるうちに好ましい方向に変わったり、時には胸のつかえが取れて涙を流しはじめたりするのを見た。そのくらい聴くというスキルには力がある。

だが、リーダーがいくら聴くスキルを身につけたとしても、職場で心の不調を訴えるメンバーを独りで抱え込み、対処しようとはしないほうがよいだろう。人事部やその方面の専門家と連携して事に当たるべきである。

コーチングが役に立たない時 部下は仕事をよく知っているか

実際、人材育成で苦労したり、年上の部下を持ってやりづらかったりしたことのある課長であれば、なんでもかんでもコーチングではうまくいかないと内心感じているはずだ。ここでは、その違和感を裏付けるＳＬ理論について解説する。

ＳＬ理論とは、部下の成熟度により有効なリーダーシップのスタイルが異なるとするもので、Ｐ・ハーシイとＫ・Ｈ・ブランチャードにより提唱された。なお、ＳＬはSituational Leadershipの頭文字を取って名付けられたものである。

ここで部下の成熟度とは、仕事に必要な能力と仕事に対する意欲により判定され、大きく４つに分けられる（次ページ図７）。

・能力も意欲も低いレベル（Ｍ１）
・能力は低いが、意欲の高いレベル（Ｍ２）
・能力は高いが、意欲の低いレベル（Ｍ３）
・能力も意欲も高いレベル（Ｍ４）

そしてリーダーシップのスタイルは、縦軸に指示的行動を横軸に協労的行動を取る。

指示的行動とは、仕事を重視し、指示や命令を出す行動であり、協労的行動とは、集団の人間関係を重視し、対話する行動のことである。そしてＭ１～４と２軸の行動との対応において、リーダーシップのスタイルは４つ示される。

ここでは、それぞれのスタイルで行動する際に、活用すべきコミュニケーション技法について

図7
年上の部下にはどう対処すればよいか？
リーダーシップ・コミュニケーション

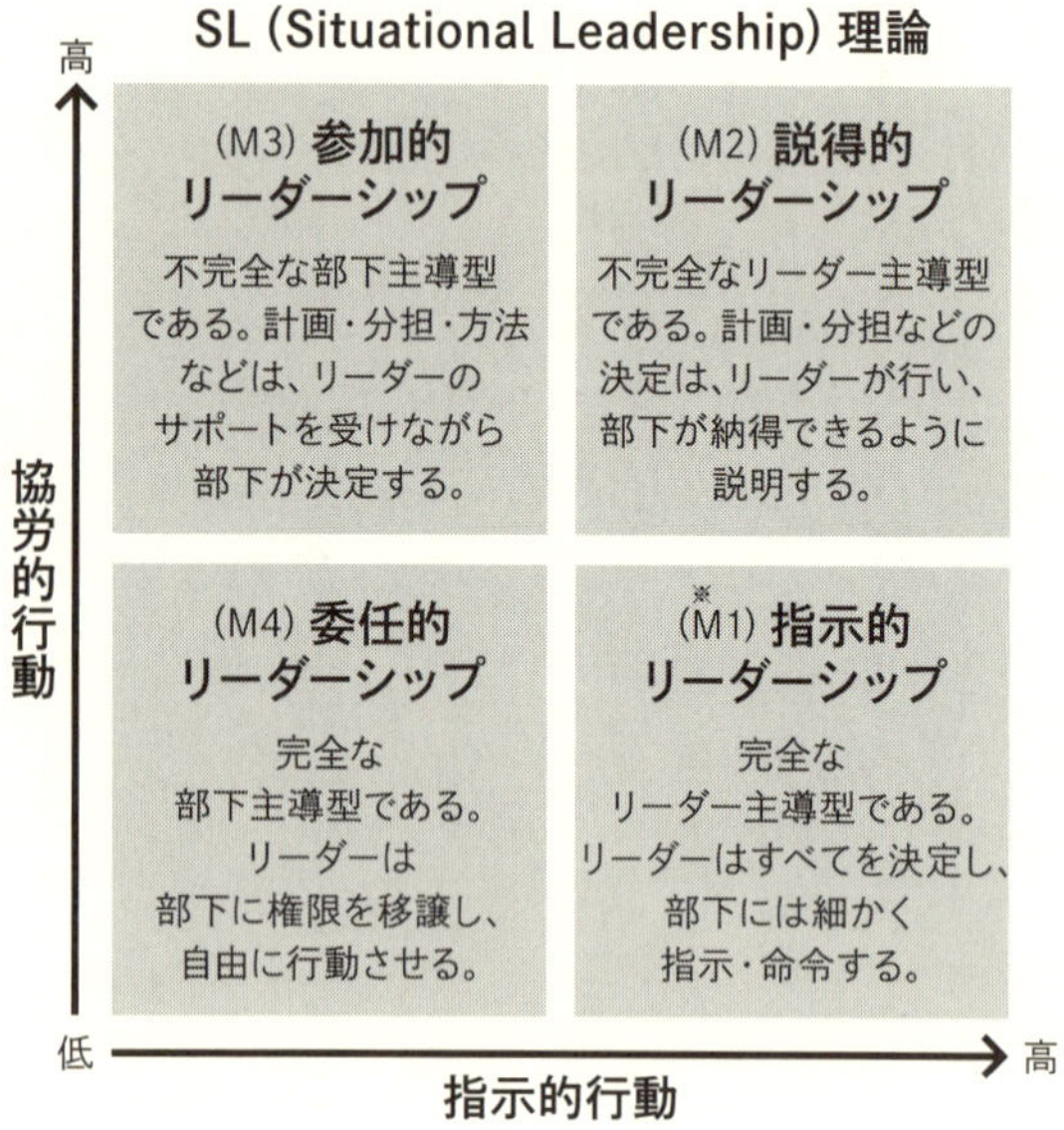
SL（Situational Leadership）理論
高
（M3）参加的
リーダーシップ
不完全な部下主導型
である。計画・分担・方法
などは、リーダーの
サポートを受けながら
部下が決定する。
（M2）説得的
リーダーシップ
不完全なリーダー主導型
である。計画・分担などの
決定は、リーダーが行い、
部下が納得できるように
説明する。
協労的行動
（M4）委任的
リーダーシップ
完全な
部下主導型である。
リーダーは
部下に権限を移譲し、
自由に行動させる。
※
（M1）指示的
リーダーシップ
完全な
リーダー主導型である。
リーダーはすべてを決定し、
部下には細かく
指示・命令する。
低
高
指示的行動

※ M＝Mature の頭文字

も触れておく。

■指示的リーダーシップ（M1の成熟度に対応）

完全なリーダー主導型である。リーダーはすべてを決定し、部下には細かく指示・命令する。

なお、このスタイルで活用すべきコミュニケーション技法の多くはティーチングであるといえよう。ちなみにティーチングとは、上司が部下に仕事のやり方や進め方を具体的に指示する技法である。

■説得的リーダーシップ（M2の成熟度に対応）

不完全なリーダー主導型である。計画・分担などの決定はリーダーが行い、部下が納得できるように説明する。

この段階で、まだ仕事に必要な能力は低いものの意欲的に取り組みだしていたら、ティーチングとコーチングを併用すると効果的であろう。なお、この段階で上司がティーチングばかり用いると部下の仕事の進め方は指示待ち、受け身になってしまう。

■参加的リーダーシップ（M3の成熟度に対応）

不完全な部下主導型である。計画・分担・方法などは、リーダーのサポートを受けながら部下が決定する。

成熟度が増して、仕事に対する意欲は低いものの能力が高まってきたら、カウンセリングとコーチングの技法を併用すると効果的であろう。

ちなみに、成熟度が増すとなぜ一時的に意欲が減退するのだろうか。それはこのように説明されている。

「リーダーは部下が成熟するにつれて、仕事に責任を持たせようとするが、部下はまだ自らの経験不足に不安を感じるため、意欲が減退する」

そのような不安を解消し、前向きさを取り戻すためにカウンセリングの技法は一役買うはずだ。

■委任的リーダーシップ（M４の成熟度に対応）

完全な部下主導型である。リーダーは部下に権限を委譲し、自由に行動させる。

成熟度がこのレベルまで高まった部下（年上の部下ということもある）に対しては、指示的行動と協労的行動の両方を低くすることが求められる。

そして特に、コーチングの技法などを用いる際は注意を要する。このレベルまで成熟した部下に対し、相手の求めもなしにコーチングの技法を用いると相手が不快に感じる場合があるからだ。なんの契約もなく、相手の求めもなく、対等に接すべき相手に対してコーチングの技法を用いるのは失礼にあたる。相手もコーチングという技法の存在を知っていれば尚更だ。

これからの課長に求められるスキルとして、「③技術的なコミュニケーション」は必須だといえる。そしてコミュニケーション技法の引き出しは多いほうがよい。聴くということの難しさに触れてみることもお勧めする。

だが技法に拘泥して、相手への敬意や本質を見失ったコミュニケーションが展開される光景を筆者は何度か見てきた。筆者も、ほぼ初対面と言ってよく、対等な関係であるはずの人物から、いきなりコーチングの技法で会話を進められて、非常に不愉快な気持ちになったことがあった。

いずれのコミュニケーション技法も、相互の関係性をきちんと構築してから活用するべきなのである。

目的が分からないままはじまる会議、結局主旨が分からない会議の危険

集団意思決定の病については第3章ですでに触れた。ここではその具体的な症状と処方箋について解説する。はじめに以下の問いにお答えいただきたい。

□会議の目的や議題を知らないままその席に着くことが多い
□会議がはじまってからなんとなく誰かが意見を言い出すことが多い
□会議は時間通りにはじまらない、または終わらないことが多い
□会議が終わっても何が決まったのか分からない
□会議で発言しづらい雰囲気になることがよくある
□いつも特定の人が発言する、声の大きい人の意見が結論になる
□会議で決まったことが守られない、もしくは実行されない

7つの質問について、半数以上にチェックがついた職場は、生産性を高めるための会議の技術をマスターする必要があるだろう。

そもそも会議体は、「情報の共有」「情報の創造」「集団意思決定」のいずれかを目的として行われる。会議体管理とは、これら3つの目的について質の向上を図りながら効率性を追求するものであるが、以降は主に、「情報の創造」「集団意思決定」を適切に管理するための方法論を解説する。

集団は、集団意思決定を迅速かつ創造的に行うために目指す方向として、次の5つを肝に銘じたい。

・問題を多角的に捉える
・想像力と創造力を働かせる
・多くの選択肢を生成する
・選択肢の将来の帰結をできる限り正確に予測する
・合理的な決定ルールに基づいて選択する

だが実際には、多くの職場において集団意思決定の病が発症している。では、病を生じさせる条件は何か？　条件には大きく4つある。

■役割不在

集団は、構成メンバーの役割分担が不明瞭な場合、意思決定のプロセスとその結果に対する責任意識が希薄になる。役割不在は討議内容の逸脱などに対する管理不在を意味し、意思決定の質や会議体運営の生産性を著しく低下させる。

■同調圧力

集団は、構成メンバーの大勢がある意見や態度を認めていると、他のメンバーはその意見や態度に反対する意思を表明することが難しくなる。同調圧力は構成メンバーの均質化を推し進め、意思決定のプロセスをスムーズにするが、決定の正しさを担保するものではない。

■集団極化

集団は、複数の構成メンバーで討論する場合、メンバー個々人が志向する案よりも、より過激な案を志向するように態度が変容する。集団は事前に急進的な志向を持つ場合、討議によりその志向が高まり、保守的な場合、逆の結果となる。

■社会的手抜き

集団は、共同作業を行う場合、構成メンバーは単独で行動する場合よりも努力の程度を引き下げてしまうことがある。手抜きは、集団意思決定のプロセスにおいて、個々のメンバーの貢献や努力を正当に識別、評価できないことから起こる。

生産性を高める会議の技術をマスターする

これら集団意思決定の病を克服するため、会議体運営をルール化する必要があり、その方向性はこのようになる（図8）。

（出典：広田すみれ・増田真也・坂上貴之編著『心理学が描くリスクの世界』慶應義塾大学出版会　P46以降）

集団意思決定の病の多くは、集団が同調圧力を安易に受け入れ、少数意見を圧殺ないし自己検閲し、選択肢を十分検討せずに合意を急ぐことから生じる。これに対処するため、拡散思考と収束思考を基礎に置いた意思決定技法を有効に活用したい（図9）。

思考の発散収束モデルとは、発散思考から収束思考に至るコミュニケーションの流れと、活用する意思決定技法のことを指す。

発散思考とは、開放的なコミュニケーションのタイプであり、収束思考とは、制限的、批判的・合理的なコミュニケーションのタイプである。なお、モデル全体を通じて、集団を構成するメンバーのコミュニケーションの困難さ、意見や感情の対立を乗り越えようとするものである。

図8
会議を「時間の無駄」にしないために
会議体運営のルール化

<table>
<tr><th>集団意思決定
病理現象</th><th colspan="2">仕組みによる対処</th></tr>
<tr><td>役割不在</td><td>● 議案や出席者選定の基準設定
● 議案による適切な議長の選出と議決方式の選択基準設定
● アジェンダの事前作成と送付</td><td rowspan="4">左記の遵守状況のモニタリングなどを定めた会議体管理のルール化</td></tr>
<tr><td>同調圧力</td><td rowspan="2">● 議事録の作成と承認方法の設定
● 賛否の意思表示による人事上の不利益扱いの禁止</td></tr>
<tr><td>集団極化</td></tr>
<tr><td>社会的手抜き</td><td>● 議案に対する記名原案の提出</td></tr>
</table>

図９
意思決定にも法則がある
思考の発散収束モデルの活用

	発散思考	収束思考
コミュニケーションのタイプ	開放的	制限的、批判的・合理的
意思決定技法	異質なメンバー許容	悪魔の弁護人
	意見評価の一時停止	
	コミュニケーション制御	

■異質なメンバー許容

発散思考は、集団を異質なメンバーで構成することにより促される。

そもそも個人では、組織を取り巻く複雑な環境を的確にとらえ、問題の全体像を十分に把握できない場合が多くなってきたため、集団による意思決定がますます求められるようになったのである。

集団として組織を取り巻く複雑な事象を読み解き、問題の本質をとらえようとするのであれば、構成メンバーは問題をそれぞれ異なった視点（多角的な視点）から認知する必要がある。例えば国籍や性別、専門性や業界の違うメンバーなど、構成メンバーに異質性や多様性を持たせることが意思決定においてプラスに作用するはずである。

ただし、集団が異質なメンバーにより構成されればされるほど凝集性は低下し、集団内の意見の対立も多くなる。

■意見評価の一時停止

発散思考の段階では、構成メンバーの意見を評価してはならない。

集団の構成メンバーが表出したアイデアを、出てきた瞬間に「くだらない」「主旨から外れている」「突拍子もない」などと判断しない。ある構成メンバーがそのような態度を取れば、以後、他の構成メンバーはそのようなアイデアを表出することはなくなるだろう。

発散思考の段階は、アイデアを奔放に数多く表出させることが重要であるため、この段階を終えるまで評価をしてはならない。

ちなみに発散思考を促進するミーティング方法として、A・F・オズボーンが開発したブレインストーミングがある。基本的なルールは以下の4つである（中断厳禁は追加）。

どんな職場でも、声の大きい社員や自分の主張を譲らない社員、話の腰を折る社員がいるものだ。それにどんなに自由闊達な職場であっても、部下が上司に反対意見を述べることは難しい。

しかしながら、上司は部下の置かれた立場を忘れてしまいがちだ。

職場における集団意思決定とは、よほど気を付けてかからないと同調圧力が高まってしまうものなのである。

ブレインストーミングは、多くの読者にとって目新しくない手法であろうが、このような基本的なルールを毎回確認することが、これからの職場では大切だと筆者は考えるのだ。

毎回会議の際には、このルールをホワイトボードに書き出してもよいであろう。このような行動は、「③技術的なコミュニケーション」を心がけようとする意思表明にもなる。

筆者も職場で討議をする際、またコンサルティングの現場でクライアントのグループ討議を支援する際は、必ず書き出している。

ブレインストーミングの基本的なルール

批判厳禁：他の参加者の意見に対する批判や評価は絶対にしない。
質より量：発言の質より発言の量を重要視したディスカッションを行う。
便乗歓迎：他者の意見と組み合わせたり、向上させたりする意見を歓迎する。
思いつき歓迎：突拍子もないアイデア、見当違いなアイデアを歓迎する。
中断厳禁：携帯電話の電源は切るなど、討議に集中できる環境をつくる。

■悪魔の弁護人

収束思考の段階において、構成メンバーは発散思考とは異なる態度を取らなければならない。収束思考を促す1つめの方法は、発想の前提条件を意識的に問いかけることにより、前提条件から選択肢を整理し、次は前提条件の妥当性を評価すればよい。

ここでは、ある担当者が上司から物品の購入を任されたとしよう。担当者は上司に確認せずにいくつかの前提条件を定めてしまうかもしれない。例えば、「予算はいくらぐらい」「納期はいつまでに」「物品の品質条件はどれくらい」または「どこそこから購入しなければならない」など。その前提条件を疑ってかかるのだ。

そして2つめの方法は、悪魔の弁護人と呼ばれる方法であり、まず集団内に「悪魔の弁護人」を指名し、この「悪魔の弁護人」はみなの意見に対してことごとく反対する。「悪魔の弁護人」は、有望な選択肢の検討において、ことごとく反対する役割を公に担うため、同調圧力に抵抗しやすく、抑圧されがちな少数意見も言いやすい。そのため、選択肢の持つ欠陥や問題点がかなり効率的に明らかになる。

なお、この方法を採用する場合、「悪魔の弁護人」は、他の集団メンバー内に感情的な問題を残さないよう、その役割を担うことを事前に宣言する必要がある。

■コミュニケーション制御

発散収束モデルを成立させるために、リーダーが押さえておくべきことを解説する。

異質かつ多様なメンバーが集団を構成し、問題をとらえることは、その問題に関するメンバー間のコミュニケーションを困難にする。その場合、意見の対立が増え、感情的な対立が生じるだけでなく、極端な場合にはグループの崩壊に発展しかねない状態となる。

これには3つの対処法がある。

1つめは、できるだけオープンかつ事実や知識に基づいた冷静なコミュニケーションを実践することである。その際、リーダーは、討議の目的やゴール、各自の役割を集団メンバーにきちんと認識させ、感情的な対立が生じた場合には、メンバーを基本認識に立ち返させるなど、リーダーシップを発揮する必要がある。

2つめは、メンバーの地位や権威などに関する情報、いわゆる「ノイズ」情報を制限してしまうことである。少なくとも集団の意思決定の初期の段階では、敢えてコミュニケーションを制限することにより「ノイズ」情報をカットし、評価の一時停止を行うことが望ましい。

3つめは、電子メールなどの情報技術を、コミュニケーションの道具として活用することである。匿名の電子メールでアイデアや意見を募集する方法を活用すれば、時間的・場所的な制約を受けず、集団意思決定の参加人数を劇的に増やすことができる。またさらには、「ノイズ」情報が伝わりにくいという利点もある。

ちなみに、「緑の血」課長は、アジェンダが事前に配布されない会議には出席しないと公言していた。そして会議の場では必ず議事録を取らせていたし、自らも必ずメモを取っていた。

また他に集団凝集性のコントロールにも努めていた。例えば課長が議長を務める時は最初から自分の立場（意見）を明言することはせず、満場一致を目指さないで反対意見や疑問点の発言を促すなどの配慮をしていた。

最後に、職場における「③技術的なコミュニケーション」とは何か、そのニュアンスをご理解いただけただろうか。一部、相応の訓練が必要なコミュニケーション技法を除き、ほとんどのものは明日からでも実践できるものばかりである。なにも筆者がコンサルティング会社に在席していた当時の行動規範「Think Straight, Talk Straight（思ったことをそのまま話せ）」と同様の規範を無理に定めなくても、技術的なコミュニケーションに徹することにより、ダイバーシティに対応した良好な職場環境をつくり、維持することは可能だと筆者は考えるのである。

ビジネス数字を
知らない課長はいらない

課長が知るべき会計知識

第6章

資生堂ショックから考える、これからのマネジメント

本書を執筆している間に、資生堂ショックが話題となった。

同社は20年以上前から育児休業や短時間勤務制度を導入し、「女性に優しい会社」の評判を築いてきた。もともとデパートなどで化粧のアドバイスをする美容部員が多く働く職場であり、女性の出産や育児などに応える制度を運用してきたのだ。

しかしながら今回の資生堂ショックの発端は、短時間勤務制度を活用する女性社員からの訴えではなく、若手やベテランなど通常勤務の社員から上がった悲鳴だった。

「忙しい夕方、同僚に感謝の言葉もなく帰るなど育児中の優遇が既得権益化し、摩擦が生まれた」（中略）

いつしかＢＣ（※美容部員）の時短勤務者は１２００人に増え、「このままでは回らない」と通常勤務の社員から悲鳴が上がり始めた。充実したはずの制度が逆に士気後退につながる――。その危機感が資生堂を「優しさの次」へと向かわせた。

（出典：日本経済新聞朝刊　２０１５年６月29日「働きかたＮｅｘｔ」）

具体的には子育て中の女性社員にも土日や遅番なども含むシフトを割り当てたり、美容部員1人当たりの営業ノルマを設定したりしたという（1日18人接客）。

これが賛否両論を呼んでいるのである。

ネット上には同社の制度改革に対し、過剰に反応するコメントや記事も見受けられ、一部には同社の化粧品をもう買わないと宣言する声も。

ここで筆者は同社の改革の是非を論じるつもりはない。ただ、このようなことは対岸の火事ではなく、今後はどのような業種の職場でも起こり得るということなのだ。そしてその時、課長はどう対応すればよいだろうか。

ガラパゴス課長なら、「まあまあそう目くじらを立てないで、会社に恩を売っておけばきっと良いことがあるから」と言うだろうか。かつての職場だったら、それで事が済んだかもしれない。だがこれからの職場は違う。きっと、「会社に恩を売って、どんな良いことがあるんですか？」と聞き返されてしまうだろう。

それにこのような曖昧な取り扱いは、自らの立場をリスクにさらすことになりかねない。これからの職場マネジメントは、ブラックボックス＝ブラック企業のレッテルを簡単に貼られてしまうからだ。

職場のマネジメントがブラックボックス化するのは、課長が会社の都合を受けて独善的に判断を下し、指示を出すからだ。だから課長は自らの言動について、周囲に説明し責任を果たすことができない。一方のメンバーは、課長からきちんとした説明も受けられずに過重労働を強いられたり、仕事のしわ寄せをされたりするのは納得できないし、許せない。だからブラック企業ということなのである。

オフィスワークのブラックボックス化は防げるのか

筆者はプロフェッショナル課長の条件として「②公正さを基準化する力」を幾度も挙げてきたが、実はこの能力はエビデンスを示す力と一体セットとなっているのだ。

エビデンスを示す力とは、職場のメンバーが従うべき基準をロジカルに説明できる能力のことを指す。

先の資生堂では、同じ雇用区分だが異なる家庭の事情を抱える女性社員を、あえて一括りにした。そうすることで全体の納得感、平等感を取り戻そうとしたのである。

そして、そうすることができたのは、彼女たちが美容部員という仕事についているからだと筆者は考える。なぜなら彼女たちの仕事と成果は、概ねシフトとノルマという基準で評価することができるからだ。

だが、すべての職場で、この美容部員と同じように明快な基準を示すことは可能であろうか。

先に筆者は、今後ダイバーシティが複雑化する中で、同一雇用区分の間では「仕事の量」に関する問題が、異なる雇用区分の間では「仕事の質」に関する問題が起こるだろうと述べた。その問題を解決するためには、やはり基準が必要なのであるが、実際のところ多くの職場では、シフトとノルマのように明快な基準どころか、そもそもオフィスワークで仕事の量や質など議論することができるのか、と違和感を覚えた読者も少なからずいるのではないだろうか?

実際、多くの読者が職場で苦い経験をしてきたはずだ。

いつまで経っても仕事が上がってこない部下、自分で自分の仕事の範囲を決めてしまい、それ以外の仕事には手を付けようとしない古参の社員、なんの交通整理もなく仕事をただ落とすだけ、そして定時で帰っていく上司など。とてもとても杓子定規には行かない……。

実はオフィスワークそのものが、メンバーの役割や責任との関係においてブラックボックスになりがちなのだ。その理由は、そもそもオフィスワークは、どのような作業にどの程度時間がかかるのか、活動の中身が明確になっていない場合が多いからだ。それに、担当者により、また場合により作業の質と量が安定しないということもあるだろう。例えば、その時々の状況などに応じて「どこまでやるか」が変わってくる、仕事を知らないかできない人ほど手戻りやミスで時間がかかる、逆に行き届いた仕事のできる人ほど時間がかかる場合もある。

このように、オフィスワークの量や質を議論することや職場のメンバーが従うべき基準を示すことは大変難しいといえる。だが放置することもできない。

ではどうするか？　以降、その手がかりを探っていきたい。

ブラック支店長vs芹沢課長　勝つのはどっち？

あなたの職場はいつもバタバタしているか、それとも整然かつ粛々とメンバー各人が仕事を進めているか、どちらだろうか。ここから先は、ある営業課長（ここでは芹沢課長としよう）の身に実際に起こった出来事をもとにして書く。

芹沢課長が新たに赴任したS支店は、A社、B社、C社を得意先として販売活動をしている。

図10
売上実績表

	売上高	仕入	粗利率
A社	1,000,000	300,000	70.0%
B社	400,000	140,000	65.0%
C社	400,000	160,000	60.0%
合計	1,800,000	600,000	66.7%

芹沢課長の上司にあたる鈴木支店長は、海千山千でのし上がってきた生え抜きの人物であり、「売上確保のために最大顧客であるA社との取引に重点を置くのだ」と、常々社員たちに話していた（図10）。

着任してすぐ、芹沢課長は職場がいつもバタバタしていることに驚いた。また一部の社員に残業が偏っているのも気になった。特にA社の営業担当である佐藤君は、今にも倒れてしまいそうなほど急がしく立ち働いており、身体を壊してしまわないか心配だ。

だが鈴木支店長は、職場の現状についてまったく意に介する様子はない。A社は最大の得意先なのだから佐藤君が忙しいのは当然であり、また大事な顧客を任せることで、彼が大きく育つことを期待しているのだと常々周囲に話していた。それに職場がバタバタしているのは、活気の現れであると考えている。

そんな支店長に異議を唱える者はいない。まず職場のメンバーはみなA社が最大顧客であることに、何の疑いも持っていなかった。それは売上実績表を見れば明白だったからだ。

それに、支店長ににらまれるのも怖い。

支店長は、課員がいくら残業をしてもほとんど残業代をつけさせなかったが、みなそれに甘んじていた。過去に残業代の申請をした同僚が、生産性がどうだとか仕事のやり方がどうだとか支店長室で何時間も怒鳴りつけられ、その後仕事のできない奴というレッテルを貼られ、冷遇されたのを見てきたからだ。

また、残業代が毎月ほとんど計上されないため、各支店との比較で残業代の管理をしている人事部もS支店の職場マネジメントに介入してくることはなかった。

そんな状況を見るに見かねた前任の工藤課長は、「自分のA社への営業同行があまりにも多すぎる。その機会を減らして職場のオペレーションを改善したほうがよいのではないか？」と支店長に相談を持ちかけたが、支店長は課長のそんな営業姿勢を嫌った。

そして今回の人事異動。工藤課長は、S支店に比べるとだいぶ小さな地方の支店に異動することになり、入れ替わりに芹沢課長が、本店からS支店の営業1課への異動を命じられたのである。

飛ばされた工藤課長の嘆き

芹沢課長、工藤課長とは同期で気心の知れた友人でもあるため、単身で地方に向かうことになった彼と赴任前にサシで飲もうということになった。店に入り2人で一通りの注文を済ませた後、工藤は芹沢にこう切り出した。

「とにかく支店長の営業方針には逆らわない方がいい。本店から来たお前ならもちろん耳にしていると思うが、今回の俺の人事異動は、支店長が周囲に影響力を誇示するために、人事に強力に働きかけたそうだな。

でもな、これだけは言える。A社に対する販売活動がどうにも納得できないんだ。

まずA社への販売活動だが、担当の佐藤君が訪問する時は常に管理職である俺も同行しろと支店長に発破をかけられ、そうしてきた。だが月に10回（図11）もだぞ。

ちなみに、うちの二番目の得意先であるB社には担当が月に4回訪問しているが、俺はそのうち2回しか同行していない。

C社は最近取引が伸びてきたんだが、一度挨拶に行って以来まったく同行していない。C社に

図11　販売活動、保守活動、事務活動の回数

販売活動	営業職訪問	管理職同行
A社	10回	10回
B社	4回	2回
C社	4回	0回
計	18回	12回

保守活動	製品P	製品Q	製品R
A社	1回	7回	9回
B社	1回	1回	2回
C社	1回	0回	1回
計	3回	8回	12回

事務活動	納品事務	支払事務	請求事務
A社	4回	1回	21回
B社	1回	1回	5回
C社	1回	1回	3回
計	6回	3回	29回

同行しようとすると優先順位が違うと支店長に怒られるんだよ。支店長もA社には頻繁に足を運ぶんだが、俺の知る限りB社やC社には一度も訪問したことがない。

それにA社には保守点検で振り回されることもやたらと多いんだ。うちは上位3社に製品P、Q、Rを納品しているが、前月なんてA社に保守活動だけで17回も訪問させられてんだぜ。B社の呼び出しは4回、C社は2回しかなかったのに。

その上事務も煩雑だ。A社は納品が月に4回もあるし、請求事務もなんと21回も発生しているんだ。当然

だがB社とC社は月にたった1回の納品だし、請求事務も数える程度しかない。職場のメンバーはみな、A社と支社長に振り回されっぱなしなんだよ」

「とにかく、支店長の営業方針には逆らわないほうがいい」。芹沢は人事課長をしている同期からもまったく同じことを言われた。

A社の営業担当者・佐藤君の憤り

結局、芹沢は前任者と同様、A社を最重要顧客とする営業方針をそのまま引き継ぐことになった。そうすると当然、佐藤君と行動をともにすることが多くなる。佐藤君の顔には疲れがにじみ出ていた。

そんな佐藤君を慰労しようと、芹沢はA社を訪問後直帰として、彼を居酒屋に誘った。彼は「ビールを飲むのは本当に久しぶりです」と言って、ジョッキに口をつけてからこんな話をはじめた。

「うちの会社は、自分の給料も残業代も全部A社につぎ込んでいる感じです。

それだけじゃない、保守の渡辺さんも事務の中山さんも、ほとんどA社のためだけに仕事をしています。

渡辺さんは、いつA社に呼び出されるか分からないから気が気じゃないって言っているし、中山さんは、何度も請求伝票を出さなきゃいけないのはどうして？　まとめられないの？　っていつも自分にキレてますから。

俺らの苦労をお金に換算したら、一体いくらになるんでしょうね。

それに時々おかしなことが起こるんですよ。保守の渡辺さんなんて現場に駆け付けてもやることがないとか。我々の営業訪問だって、別にたいして話すこともないじゃないですか。2日に1日は訪問してるんだから。

でも支店長はこう言うんです。A社は厳しい取引を持ちかけてくるって。うちがA社に出す見積金額ってやたらと安いじゃないですか。そのことを言っているんですかね。

実際、現場じゃあ、営業も保守も事務も単に無駄が多いだけで、決して厳しい会社だとは思いませんよ」

次の日、芹沢は鈴木支店長に「お話ししたいことがあります」と持ちかけ、支店長室の来客用ソファーで向かい合った。そして芹沢は、自分が赴任してから1週間経つが、いつも「時間がない」と言っている課員たちの業務効率を上げるために、現状を調査したいと申し出た。

それに対して鈴木支店長は、「俺の営業方針に文句をつけるつもりか?」と不満を露わにした。

芹沢はすぐに「違います」と反論し、話を続けた。「本年度から粗利率重視の営業を見直し、仕入れに営業費用を加えた利益率を重視するようにと、本店から通知があったかと思います。それはご存知ですよね」

(売上高−仕入)÷売上高×100% から

(売上高−仕入−営業費用)÷売上高×100% へ

「ああ、もちろん知っている。だが営業費用なんか取引先に適当につけておけばよい」

「はい、ですから適当につけておくための基準を検討したいと思います。本店が視察に来た時のエビデンスとして」

「じゃあ、やったらいい。だが俺の方針に逆らったらどうなるか分かってるな。お前も工藤のように飛ばされたくないだろう」

芹沢は支店長の最後の言葉には応答せず、部屋を出た。

ついに芹沢課長が動いた○返しだ！

芹沢は各得意先の業務活動について、1カ月の活動記録を取った。そしてその結果を営業費用に換算するために、このような式を用いた。

営業費用＝各活動の人件費単価×標準時間／回×実施回数

活動は大きく販売活動、保守活動、事務活動に分けた。
また本調査において、販売活動は提案書の準備や移動時間、アポ取りの時間などは除き、訪問商談に関する活動と営業費用の算出に絞った。保守活動も同じく部品調達に関する活動と営業費用の算出に絞り、事務活動については納品事務、支払事務および請求事務の活動と費用のみを調査することにしたのである。（図12・13）
そして1カ月後、鈴木と芹沢は再び支店長室の来客用ソファーで向かい合った。
集計結果を見た鈴木支店長は、A社のあまりの利益率の低さに驚愕した。そして支店長室の重

図12 営業費用単価表

（円）

販売活動	職種	営業職社員 1時間あたり単価	管理職社員 1時間あたり単価	
	訪問商談	3,000	8,000	
保守活動	製品	製品P	製品Q	製品R
	部品調達	2,000	4,000	3,000
事務活動	職種	事務職社員単価		
	納品事務	2,000		
	支払事務	2,000		
	請求事務	2,000		

＊商談は1回あたり1時間とする

厚な扉を閉めて芹沢にこう言った。

「この資料は表に出すな。そして営業費用はなにか違う基準（モノサシ）で計算して再提出しろ。分かったな」

「お言葉を返すようですが、鈴木支店長、それは難しいでしょう。すでに本店はうちの支店に目をつけているようです。そして支店長がA社から受けている過剰な接待についても」

支店長の手が止まった。

「鈴木支店長。あなたはA社が、うちの製品の見積もりを過剰に値切る厳しい会社だという印象を持たせたくて、同社が販売、保守、事務などの活動についてもあれこれ口うるさい、要求が厳しいように見せかけたかった。そうではないですか。その見返りに過剰とも言える接待を受けている」

「おっ、お前は何を根拠にそんなことを言っているのだ……」

図13　解答

営業費用の計算の解答

（円）

販売活動	営業職訪問	管理職同行	1カ月のコスト
A社	10回	10回	110,000
B社	4回	2回	28,000
C社	4回	0回	12,000
計	18回	12回	150,000

保守活動	製品P	製品Q	製品R	1カ月のコスト
A社	1回	7回	9回	57,000
B社	1回	1回	2回	12,000
C社	1回	0回	1回	5,000
計	3回	8回	12回	74,000

事務活動	納品事務	支払事務	請求事務	1カ月のコスト
A社	4回	1回	21回	52,000
B社	1回	1回	5回	14,000
C社	1回	1回	3回	10,000
計	6回	3回	29回	76,000

営業費用のまとめ、利益率表の計算の解答

販売活動、保守活動、事務活動によりかかった費用

（円）

	販売活動	保守活動	事務活動	1カ月の営業費用	費用全体に占める割合
A社	110,000	57,000	52,000	219,000	73.0%
B社	28,000	12,000	14,000	54,000	18.0%
C社	12,000	5,000	10,000	27,000	9.0%
計	150,000	74,000	76,000	300,000	100.0%

営業費用も含めた利益率表

（円）

	売上高	仕入れ	営業費用	利益額	利益率
A社	1,000,000	300,000	219,000	481,000	48.1%
B社	400,000	140,000	54,000	206,000	51.5%
C社	400,000	160,000	27,000	213,000	53.3%
計	1,800,000	600,000	300,000	900,000	50.0%

「あなたの行いはすでに本店で調べ上げています。それにうちの最低販売価格を下回る稟議書を佐藤君に次々と上げさせておきながら、本店への報告をまったくしていない。違いますか?」

「お前っ、俺に噛みついたりしたら、どうなるのか分かっているのか?」

「それは重々承知しています。私利私欲のために部下をぼろ雑巾のように使い倒すあなたのやり方は本店でも評判ですから。ですが私をどうにかする前に、本店にすぐお電話なさってください。そのように常務から申し付かりました。それでは失礼します」

そして支店長室の重い扉を開け、部屋を出てから一礼した。その時に「工藤、お前の敵を討ってやったぞ、ナンとか返しだ」とつぶやいたかどうかは分からない。

オフィスワークを「視える化」するにはビジネス数字の知識が必要

この事例はいくつかの事実をつなぎ合わせたものだが、大きく3つの示唆を与えてくれる。
■歪んだ基準があてがわれた職場は混乱し、疲弊する
■課長には適切な基準をあてがうための知識、スキルが求められる
■課長は適切な基準を用いてエビデンスを示さなければならない

今回、芹沢課長が適切な基準をあてがうために用いたのは、活動基準原価計算という手法である。この手法はもともと管理会計の分野に属するものだが、これからの課長にとっては必須の知識となる。なぜなら、ビジネス数字の知識はオフィスワークのブラックボックス化を防ぎ、仕事の量や質を視える化・定量化するための処方箋としても使えるからだ。

ここであらためて、企業を取り巻く数字という範疇に足を踏み入れたが、果たしてプロ課長がおさえるべき数字の技術とはどのようなもので、その範囲とは、どこまでであろうか。そして、いわゆる会計やビジネス数字に苦手意識を持つ課長はプロ課長になれないのか、そのあたりも考えてみたい。

数字を知ることで、ビジネスの構造を俯瞰できるようになる

拙著『儲けの極意はすべて「質屋」に詰まっている』（かんき出版）でも述べているが、筆者はプロ課長に必須の条件として、必ず身につけておきたいのはビジネス数字の知識だと考えている。なぜならビジネス数字の知識は、先の芹沢課長がそうしたように課内の問題を解決するツー

ルとして有効であるだけではなく、業界のビジネスを俯瞰する視点を与えてくれて、自社の売れる仕組みや儲けの仕組みなどを教えてくれるからだ。

だがこう書くと、「数字は苦手なんだよな……」と反射的に身構えてしまうサラリーマンが意外と多いことも知っている。そして、そんな彼らにはどうやら共通点があるようだ。ビジネス数字の学習で挫折する、苦手意識が拭えないサラリーマンの多くに共通するのは、実は「ビジネス数字から何を読み取りたいか、何を分かりたいのかが分かっていない」ことだ。だから、会計士や税理士が教える簿記や会計の知識と、一般のサラリーマンが本当に身につけたい数字の知識は違うということに気づけない。簿記や会計の知識を習得しても、自分の仕事にどう役立てたらよいのか分からない。要はピンとこないのだ。

サラリーマンが知るべきビジネス数字は会計知識のつまみ食い

筆者の訴える数字とは純粋な会計の知識ではない。簿記の知識でもない。ビジネスの構造（売れる仕組みと儲けの仕組み）をつかむための数字の知識なのである。

そして押さえておくべきビジネス数字の知識は驚くほど少ない。いわば会計知識のつまみ食い

図14
課長が知っておくべき会社数字とは？
財務会計と管理会計の違い

項目	財務会計	管理会計
利用者	投資家、債権者など 会社外部の利害関係者	経営者など 会社内部の関係者
目的	情報提供・利害調整	会社経営に役立つ 資料の提供
作成書類	決算書など	任意の内部報告資料
作成・処理基準	企業会計原則など 会計基準・各種法律	決められたものはない

で十分なのである。

では、会計のどんな知識をつまみ食いすればよいのか概観してみよう。会計知識にはおおよそ財務会計と管理会計の領域がある（図14）。

財務会計とは、株主、投資家、取引先、銀行などの債権者、国（税務当局）などの企業外部の利害関係者に対して、企業の財産の状態や経営の業績に関して報告することを目的とした会計のことを指す。

これに対して管理会計とは、経営者が会社の経営方針や経営計画を策定し、これに基づいて会社の意思決定や業績を〝管理〟することを目的とした会計のことを指す。

財務会計と管理会計についての一般的な説明はこのとおりであるが、筆者は2つの会計を実務家・コンサルタントとして違う目でとらえている。

財務会計により作成された決算書は、すでに組みあがったビジネスの構造がどのようになっているのかを把握するためにある。

既存のビジネスの構造を把握するとはどういうことか？

それはそのビジネスのうま味と苦労を確認するということに他ならない。例えば、「日銭が入りやすいが儲けが少ないビジネス」であれば、そのような構造を取っているからそのうま味と苦労があるのだ。常に資金繰りに苦労しているビジネスもまた然り。

そして自社がライバル企業と同一の構造で勝負しているのであれば、同じうま味と苦労の中で利益を奪い合っているということなのである。

「自社の決算書が読めるようになる」に発展性はない

ここであらためて「あなたは会計数字を通じて何を知りたいのか？」という質問を投げかけることで、事の本質に迫りたい。

よくビジネス講座などで、受講者に「会計数字を通じて何を知りたいのか？」と問えば、こんな風な答えが返ってくる。「自社の決算書が読めるようになりたい」。このような回答に対して、筆者はこう言葉を投げ返している。

「それは簡単です。自社の決算書が読める、そのゴールの最も近くにいるのはその会社の社員だからです。社員であれば、自分の会社がこれまでどんな経営をしてきたかを把握しているはずですから。

それに会計士や税理士ですら、決算書の数字だけでは、経営の実情を深いレベルで理解することができないのです。裏を返せば、決算書の数字から読み取ることのできる情報などその程度のものなんです」

そこで受講者は気づきはじめる。

自分たちの真のゴールは「自社の決算書が読めるようになる」ことではない。本当は自社が取っているビジネスの構造の良し悪しを判別したいのだということを。

そしてもっと売上が伸びたり、コストを大幅に削ったり、ますますうま味が大きくてますます苦労が少ないビジネスの構造を探りたいと考えている。

だが、決算書を眺めてもビジネスの構造を把握することができないから、決算書が読めないというのだ。

管理会計の知識のつまみ食いが、自社の構造変革につながる

実際、決算書からビジネスの構造を把握するためには、決算書の見方・読み方を理解するのとはまた別の概念で決算書をとらえなければならない。

それが「比較概念」だ。あるビジネスの構造は別のビジネスの構造と比較してみて、はじめてその良し悪しを理解することができる。一般的な比較概念には「過去との比較」「業界（統計）やライバル企業との比較」「目標との比較」の3つがあるのだが、筆者はこれに「異なる業界の比較」を取り入れることをお勧めする。

だが、受講者の本当に知りたいことは、比較概念を用いて自社のビジネスの構造をとらえることにとどまらない。受講者の知りたいことはさらにその先にある。

それは、ビジネスの良し悪しを判別した後に、それをどうやったら変えていくことができるかということだ。

そこで登場するのが管理会計である。管理会計を全般的に習得しようとすると膨大な知識を扱わなければならないのであるが、ビジネスの構造を押さえ、変えるために知っておくべき内容は

図15
ビジネスの構造を押さえるために、これだけは。
管理会計の主な項目とその概要

原価管理	実際原価計算、個別原価、総合原価、標準原価計算、**直接原価計算**、特殊原価調査、意思決定とコスト、ABC (Activity Based Costing：活動基準原価計算)、ABM (Activity Based Management：活動基準原価管理)
原価企画	VE (Value Engineering：価値工学)、VA (Value Analysis：価値分析)
利益管理	ROA (Return On Asset：総資本利益率)、ROE (Return On Equity：自己資本利益率)、ROI (Return On Investment：投下資本利益率)、RI (Residual Income：残余利益)、EVA (Economic Value Added：経済的付加価値)、**CVP (Cost-Volume-Profit Analysis)**、**BEP (Break-Even Point：損益分岐点)**
予算管理	中長期経営計画、短期利益計画、資本コスト、総合予算、経常予算（損益予算、資金予算）、資本予算
業績管理	BSC (Balanced Score Card：バランススコアカード)、各利益管理指標

非常に少ない（図15）。

なお、図15の内容を身につけたい初学者の読者には、そのものズバリの書籍『通勤大学財務コース　損益分岐点』（平野敦士著　通勤大学文庫）をお勧めする。通勤大学というコンセプトの通り、通勤電車の中でサクッと読めてしまうそんな分量の本だ。

ちなみに芹沢課長が用いた活動基準原価計算（ABC：Activity Based Costingの略）や活動基準原価管理（ABM：Activity Based Managementの略）などの手法は、ビジネスの構造を押さえるという意味では除外しているが、職場の問題を解決する手法としては有効である。

QBハウスとサウスウエスト航空から学ぶ「比較」の概念

ここでビジネスの構造を変えるということについて、具体例を挙げてみたい。

ひとつはヘアカット専門店QBハウスの事例だ。

QBハウスは〝10分の身だしなみ〟を謳い1080円（税込）サービスを提供しているが、事前の予約もなければ、カラーリングやシェービング、ブローやパーマなどのオプションサービスも一切ない。シャンプーすらしない。

シャンプーの代わりに〝エアウォッシャー〟（掃除機のようなもの）でカットした髪の毛を吸い取るのである。

同社のビジネスの構造は、同業の理髪店を模倣したものではまったくなく、靴磨きビジネスの構造をヘアカットに取り入れているのだ。したがって既存の理髪店とは、売れる仕組みも儲けの仕組みもまったく異なる。

そして2つめはアメリカのサウスウエスト航空の事例である。

サウスウエスト航空はノースウエスト航空やJAL、ANAなど他の多くの航空会社と異なり、国内線しかフライトがない。同一の航空機種しか購入しない。なぜか?

国際線に就航すると複数の航空機種を揃えなければならないため、購入に際してボリュームディスカウントの交渉ができなくなってしまうし、エンジニアは複数のマニュアルで航空機の整備に対応しなければならなくなるからだ。

このように、すべてのオペレーションを安く、そして早く飛ぶために最適化しているのである。現在は日本においてもピーチ・アビエーションやジェットスターグループなど、格安航空会社が存在するが、同社はその元祖と言える存在だ。

もちろん、サウスウエスト航空はJALやANAをライバル視していない。同社のライバルは公共交通機関にあたるバスもしくは自動車である。そんなサウスウエスト航空の財務体質は、一般的に財務状況の悪い航空各社の中で、極めて健全な数値を示している。

さて、これらの事例でビジネスの構造を変えるとは一体どういうことか、ご理解いただけただろうか。

ビジネスの構造が分かり、さらには構造をどう変えようとしているのかが分かれば、変化の先頭に立つことができる。そして変化の先頭に立つことは、「⑤変化を積極的に取り入れる力」や

「②公正さを基準化する力」を発揮するための前提条件だといえる。

そのために踏み出すべきはじめの一歩は、「財務会計をざっくり」と「管理会計はつまみ食い」で理解しておくことと、「比較の概念」を用いてさまざまなビジネスの構造に触れることだと筆者は考える。

そして、このような知識を身につけたプロ課長にはギフトが与えられる。プロ経営者を目指す選択肢が与えられるというギフトだ。

数字とコミュニケーションで最強課長になる

欧米企業に比べ、日本企業ではまだまだプロ経営者というポストが確立しているとは言えないが、ある書籍が日本のプロ経営者について紹介していた。

『職業としてのプロ経営者』（小杉俊哉著　クロスメディア・パブリッシング）である。この本では著者が、概ね40代でプロの経営者として手腕を振るう人々にインタビューしている。今後ますます大企業に勤めるリスクは高く、うま味は少なくなる中で、出世競争に勝ち残ることを目指すより、いっそのことプロの経営者を目指してはどうだろうか？　サラリーマンを続けながら、将来の選択肢として検討してみても、決して損はしないと筆者は考える。

なぜなら大企業で出世競争に勝ち残るより、努力目標も明快であるし、なにより努力のし甲斐があるからだ。課長、そしてその上に実力だけで出世していくのは難しい。運もある。だが、プロ経営者になるのはひとえに努力と実力だ。

また大企業の40代・課長ではどんなに能力が高くて強運でも、企業の経営はできない。しかしながら、この本に登場する雇われ経営者のように、プロ経営者を目指してきた40代であれば、それは十分に可能なのである。

ちなみに、プロ経営者には必ずしもＭＢＡを取得したり、コンサルティング会社で働いたりする経験は求められないようだ。

まずは目指すか、目指さないか。

それでもリスクの高い出世競争をかたくなに選び続けるだろうか？

プロ課長にのみ扉が開かれる新たなキャリア

プロ経営者がなぜ、それまで経験したことがなかった業界で結果を出すことができるのか。またなぜ、ビジネス・コンサルタントがクライアントと協業する際に、わけ知り顔のガラパゴス課長を敬遠するのか。

それは、企業経営には原理原則があることを知っていることと、新たに任された業界・企業が持つビジネスの構造や解決すべき課題を速やかに、そして的確にとらえることができるからだと筆者は考える。そしてそれ以外の社内事情にはあまり興味がない。

したがって、課長がプロ課長の前提条件を満たすべくビジネス数字を押さえることは、同時にプロ経営者の道を歩みはじめることでもあるのだ。

この章の最後に、筆者はあるビジネスが成功を収めるか否かは、第一義的にその構造（ビジネスモデルとも言う）にかかっていると考えている。これまでさまざまな企業と関わってきたが、構造不況にあえぐ業界もあれば、とりたてて企業努力をしなくても社内にキャッシュが貯まっていく、資金繰りに窮する企業にとってはなんとも羨ましい構造の企業もあった。

そんなビジネスの構造、ビジネスモデルは経営者の構想により描かれるものなのだが、白いキャンバスに絵（構想）を描くためには道具が必要である。

例えば木炭で絵を描くとしよう。

まずは、経営者の構想を白いキャンバスに描く木炭、もちろん大切なのは構想であるが、木炭がなければその構想を周囲と共有することもできないし、何よりその構想でいけるのかどうかを検証し、修正することができない。

そして、経営者の構想を受け取る側にも同じ木炭の備えが必要だ。

なぜなら木炭を持っていなければ、経営者が描こうとしている絵を理解することができないし、職場に持ち帰って自分の言葉でメンバーに語って聞かせることもできない。そのような意味で、プロ課長は木炭＝ビジネス数字をぜひとも押さえておく必要がある。

出世する課長は出世を目指さない

「島耕作」から「ハマちゃん」へ

第7章

これからの課長は当然、〝企業戦士〟を語ってはいけない

かつて故・司馬遼太郎氏の『坂の上の雲』を何度も読んだ。帝国主義・植民地主義に抗するために貧しい日本が立ち上がり、ついには当時、世界最強と謳われたロシアのバルチック艦隊をせん滅するに至る、ざっくりと言えばそんな物語である。

『坂の上の雲』というタイトルは、日本という国が、そして日本人がいかなる困難も克服して生成発展を遂げていく、そのまなざしの先にあるものを表現したものだ。

そして同じまなざしを、かつて企業戦士と言われたサラリーマンも持っていたはずだ。サラリーマンたちは共通の利害を前提として、滅私奉公も厭わず、家庭も省みず、会社が用意したキャリアの階段を上っていったのだ。

会社側も企業戦士が思う存分働けるように福利厚生制度を充実させたり、就社後は50歳を超えるまでずっと昇給しつづける人事制度を整備したりして、全面的にバックアップした。バブルが弾ける前までは、結婚、出産、持ち家、子供の進学など家族のライフイベントに応じて賃金が上がり続ける〝賃金カーブ〟という言葉が、人事担当者やコンサルタントの間で当たり前のように

使われていた。そして退職間際には、名誉職としてグループ会社の部長職や役員職を与えてくれる、そんな余裕のある大企業がたくさん存在していたのだ。

だが、そのすべては高度経済成長という前提条件を満たしていたから可能であったに過ぎない。経済が成長しない、売上が伸びない、それでも賃金が上がり続ける、ポストが与えられるということがあり得ないということは、労働生産性の議論をせずとも明らかである。そして男性は外に出て働き、女性は家庭を守るというかつての役割分担ももうとっくに通用しなくなってしまった。

その背景には、男女雇用機会均等法など一連の法整備もあったが時代はさらに進み、今後日本の産業力を維持していくためには、老若男女を問わず総出で働かなければならなくなった。

そこには裏返しの事情もある。それは今後ますます多くの家庭で、かつては一家の大黒柱と呼ばれた父親の給料だけでは食べていけなくなるという事情だ。一家総出で働き、家庭を守らなければならない時代に、「俺たちの時代は……」と企業戦士を語っても職場から支持されないのは当然である。

日本企業の労働観は幕藩体制に端を発する？

だが日本人の労働観は、なかなか企業戦士が世界中を闊歩した時代から抜け出せないでいる。遡れば、企業戦士が生み出された背景には敗戦がある。そして戦後、一時は解体された財閥系大企業であるが、基幹産業を中心とした日本経済の本格的な復興期に入ると、労働力不足を解消するために地方から人材をかき集めた。そうして集めた人材に長く働いてもらう施策を次々と打ち出していったのである。

借金をしてまで持ち家をするということが奨励されはじめたのも戦後だ。それまで日本人には、借金までして家を買うという発想はなかった。借金をするためには後ろ盾となる勤め先の信用が必要であるし、借金を毎月つつがなく返済するためには、月々の安定した収入が必要となる。こうして企業とサラリーマンの長期にわたる関係性が構築されていったのである。

ちなみにある友人は、この関係性を江戸時代における幕藩体制になぞらえて説明してくれた。

企業はいわば一つの藩であり、幕府と藩の封建的な主従関係はそのまま藩内の主従関係へと展開される。そもそも封建的な主従関係とは、この時代で言えば、君主が家臣の持つ領地の支配権を保障する見返りとして、家臣に役務（軍役）を提供する義務を課すというものだった。これを企業に置き換えれば、経営者が社員の生活を保障する見返りとして、社員に労働を提供する義務を課すということになるだろう。

なお、社員の生活を保障するというくだりは、かつて日本的経営を支えてきた終身雇用制という人事施策と組み合わせると、生活ではなく〝人生〟という言葉に置き換えても言い過ぎではないかもしれない。

また、日本企業にあるいびつな集団凝集性も、藩という統治機構になぞらえると説明しやすい。幕藩体制下では、特に幕末に至るまで、大名の家臣が脱藩するなどということは通常は考えられなかったし、そもそも当時の日本には、日本人という発想はなかった。家臣は君主にのみ忠誠を尽くし、そして有事の際には特に、自らが仕える藩は内、それ以外は外という観念が頭の中を埋め尽くしたのだろう。

あくまで私見であるが、戦後の日本人の労働観を育んだのは、この時代の統治機構に対する憧憬なのかもしれない。これは赤穂浪士の討ち入りの話が、永く日本人の在り方を表現する美談として語り継がれていることからも言えるのではないか。そしてもう一つ付け加えるとすれば、日本の大企業が推し進めてきた人事施策は、藩の統治機構を模倣するものだったのかもしれない。

だが、時代は変わった。これからは、経営者が社員の生活や人生を保障してくれるということはない、と考えたほうが健全なのである。

出世にとらわれる社員は出世できないという現実

さて、そこであらためて問われるのは出世に対する認識だ。

確かに現行、多くの企業の人事制度で給料を上げるためには、出世してより大きな役割を担わなければならない。だが、従来のように滅私奉公をしたとしても、ポスト自体が少なくなっているため出世できる確率はますます低くなるだろう。

それでも、もし今後とも頑なに出世を目指すというサラリーマンがいるのだとすれば、筆者はその人物のことがかなり気がかりだ。なぜなら、出世を渇望するということは会社への依存度が高いということだからである。懸命に働き、社内の事情に精通し、上司からの評判を良くすれば会社は必ず報いてくれるとどこかで信じているのだ。確かに懸命に働けば会社は報いてくれるかもしれないが、そうでない場合もある。

経営環境の変化とともに自社の業績が悪化し、リストラをしなければ会社を存続することができないなどの窮地に陥ることもある。そうして自分がリストラの対象となった時にはじめて、会社に騙されたと憤るのだが、実際に自分を騙した張本人を社内に見つけることは難しい。

リストラを勧告する上司も、面談時の応答について専門コンサルタントからレクチャーを受け、机の向こうの誰かが退職を受け入れるよう、マニュアル通りに説得することが義務づけられているに過ぎない。

では、その上の経営者はどうか？　金融機関からこれ以上赤字が続くようであれば、融資を打ち切ると、ある日伝えられたのだ。同じ釜の飯を食った仲間はいかなる状況においても、会社を生かすためにただ最善を尽くしている。

他には、出世そのものよりも、ポジションパワーを渇望するサラリーマンもいる。だがこれも心配だ。影響力を渇望するということは実は自己重要感が低い、もしくはかつて他者から自己の尊厳を著しく傷つけられたことがあると考えられるからだ。自己重要感を奪われた者の多くは、他者の尊厳を傷つけることで自己の回復を図ろうとする。しかもそれが仕事の名のもとに、教育の名のもとに行われるからたちが悪い。そういう社員は通常、組織の自浄作用により淘汰されていくため出世から遠ざかるのだ。

パワハラ課長にはなぜ仕事のできる人が多いのか

だが、かつてはこのようなハラスメント体質の人材が出世していくことがあった。このような人材は自分に厳しく、勉強熱心で、上から見れば優秀な人材である場合も多いのだ。特に、企業戦士が大手を振って闊歩していた職場ではなおさらだ。

そして部下にしてみても、パワハラ課長に我慢して仕えていれば、いつかは報われるという期待があった。別の見方をすれば、このような期待が職場の自浄作用（異常な状態を正常な状態に戻そうとする働き）を働きづらくさせていたともいえる。

それに程度の問題もある。実はパワハラ課長は、先のPM理論でいうところのP（Performance＝目標達成機能）が突出して高いリーダーであるとも言えるのだから、当然仕事のできる人物も多い。特に短期間で成果を上げなければならないプロジェクト型の仕事などでは、頼りがいのあるリーダーだと言えよう。反対に、同じようなプロジェクトでM（Maintenance＝集団維持機能）が突出して高いリーダーに仕えると、メンバーは強いストレスにさいなまれることになるだろう。

だが、同じリーダーがライン型の職場で采配を振るっていたらどうだろうか？　ライン型の職場では、上司と部下どちらかが異動するまで関係性は切れないし、ハラスメントを受ける部下には逃げ場がない。

いずれにせよ、会社への依存心から出世を目指す社員や、権力への渇望感から出世を目指す社員は特に、ますます出世できなくなるのではないかというのが筆者の感じるところである。筆者は昇格対象者のアセスメントなどを数多く行ってきたが、実際に出世していく人物にはある種の雰囲気がある。それは才気ではない、何より大切なのは誠実さ、そして他者を安心させる気配りや余裕だ。

面白い経験をした。ある外資の証券会社から人事に関するコンサルティングの依頼を受けた。先方の窓口となった担当者やインタビューをした各サービスラインの担当者、責任者は、非常に才気に溢れた人材だった。ＭＢＡホルダーばかりであった。

意外だったのは支社長だ。本来であれば誰よりも先にインタビューすべき相手なのだが、ちょうど本国に出張していたので、帰国次第インタビューすることになった。そしていざ支社長に対面してみると、すでにインタビューを終えた担当者や責任者のように、自己主張する態度はまるでなかった。服装もどちらかと言えば日系企業のサラリーマンのようだった。

誠実な印象、そして何より証券業界という厳しい世界で勝ち残ってきた人物が纏う、ピリピリした緊張感を微塵も感じさせない余裕。そうなのだ、自浄作用の働いた健全な企業では、このような人物が組織の中枢に引き上げられていく。

別に出世を目指すべきではないと言っているわけではない。大いに出世を目指すべきだが、欲にとらわれすぎると出世から遠ざかるのもまた事実であるようだ。それに出世を遂げた社員も、いつかはそのポストを後進に譲らなくてはならない時がやってくる。しかもそのタイミングは、出世を目指す社員にとっては意外と早くやってくるのだ。

そして今後、定年退職年齢を延長する流れの中で、役職定年後の会社人生はますます長くなるのである。

『課長 島耕作』のマネジメントでは失敗する理由

日本企業で働くサラリーマンで島耕作を知らない人はいないであろう。

だが、細部までは知らないという読者もいると思うので簡単に紹介する。現在、モーニングという漫画雑誌に〝役職＋島耕作〟（作・弘兼憲史）というタイトルで連載されている主人公・島耕作は、大手電器メーカー「初芝電器産業（現テコット）」に勤めるサラリーマンとして登場した。

彼は日本経済が空前絶後の好景気を迎えた１９８０年代に課長職として働き、当の本人は出世には興味がないながら、途中で頭打ちになることなく出世しつづけて、遂には入社43年にして会長職に就任したのである。

実在の企業で言えば、パナソニックに新卒で入社して、会長職にまで上り詰めたというイメージであろう。ちなみに作者の弘兼　憲史氏は松下電器産業に勤務した後、漫画家としてデビューしている。

筆者は、島耕作がどれだけ国民的な存在かを物語るエピソードを知っている。確か島耕作が社長に就任した連載号の日、夕方のテレビニュースで「島耕作氏が初芝電器産業の代表取締役社長に就任しました」と報道されていたのだ。あたかも実在の人物が社長に就任したように報じられたので、大変驚いたことを今でも覚えている。

それだけ彼が立身出世を遂げていく物語は、日本のサラリーマンの関心事だったのだ。

だが筆者は、これからの課長は島耕作のマネジメントでは失敗すると主張しているのである。本書の出版企画が編集会議にかけられた際、この見出しを見た上層部の方たちがざわついたと担当者から聞いている。それくらい島耕作は、現に日本経済を支えている40～50代のサラリーマンにとって、成功のロールモデルとして絶対的な存在なのだろう。

だが実は、40〜50代のサラリーマンこそ、島耕作をロールモデルとして職場をマネジメントしてはいけない。より正確に言えば、もうサラリーマンは島耕作のノリで仕事をしてはいけないということなのだ。

それはなぜだろうか？

実はこのような認識に至ったのは、株式会社日本マンパワー 取締役・片山繁載氏との雑談がきっかけだ。片山氏は多くのシニア世代のキャリア支援に携わってきたのだが、現在の40〜50代のサラリーマンにはある傾向があると教えてくれた。それがきっかけで、サラリーマンの心得について、これまでとこれからは何をどう変えたほうが幸せかということに話が及んだのである。

ではその傾向とは何か？

その傾向こそが、島耕作のノリそのものなのである。具体的に島耕作のノリとは、「愛社精神が旺盛で、仕事を何より愛する企業戦士であること」「出世に関心がなく、派閥に属さない一匹狼で、自らの良心や信念に従って行動すること」「そんな姿が異性の関心を引き、とにかくモテること」などだ。まさにサラリーマン社会のヒーローだ。

これから、島耕作風人材に突きつけられる厳しい現実

だが片山氏いわく、このノリで行くとサラリーマン人生の後半戦が辛い、特に部長クラスにまで上り詰めてしまった人材はなおさらだそうだ。

どういうことかすでにお気づきの読者もいるだろう。

そうなのだ。島耕作のノリで部長クラスにまで上り詰めてしまった人物は、役職定年になった後、平社員として誰かに仕えることがもうできないのだ。片山氏は島耕作のノリが強いと、課長クラスでもキツイと言っていた。

島耕作のノリでのし上がってきた人材だから当然に仕事ができる。これまで自分が会社に対して果たしてきた貢献に自負心もある。仕事や人付き合いにも隙がない。

そんな人材も部長以上のポストが得られなければ、役職定年を迎えるのがおおよそ55歳だ。それからのサラリーマン人生は10年以上も残っている。以後、後輩やかつての部下が上司になるわけだが、互いに非常にやりづらい。

役職定年を目前に控えて、片山氏のもとに集う島耕作人材の多くは、同じ職場で平社員として

出直すなど無理だと匙を投げる。だが、新卒で就社した会社一筋に生きてきて、転職したことなど一度もないため、新天地を求める勇気もないし、年齢的にも厳しい。

そして、何より島耕作を島耕作たらしめる所以は、スケールの大きな仕事や仕事に対する情熱なのである。

多くの社員が課長になれない時代、課長や部長を務めてきた優秀な人材が役職定年以降、給料もそうだが、大幅にダウンサイズした仕事しか任されなくなってしまったら、本人がやる気を失い、精彩を欠いてしまうのは無理からぬことだともいえる。

だが企業の側としては、そうそう彼らに同情してもいられない。役職を務めた功労者といえども給料以上の仕事をしてもらわなくてはならないのだ。

では、実情はどうか。公益財団法人日本生産性本部の調べによれば、多くの企業は50代の社員に対してこのような認識を示している。


「仕事と賃金がミスマッチしている年齢層、「50歳代」という企業が約5割（50・6％）を占める」

（出典：「第13回　日本的雇用・人事の変容に関する調査」公益財団法人日本生産性本部）

これは企業風土にもよるが、役職定年を迎えて働かなくなってしまったシニア世代に頭を悩ませる職場もあれば、役職でなくなったシニア世代の平社員には風当たりの強い職場もあるだろう。

いずれにせよ、大企業を中心に今後ますます多くの企業が役職定年制度を採用するであろうし、定年退職年齢の延長を受けて役職定年は若年化していくものと思われる。シニア世代の給料を引き下げる時期を早めることで、定年退職年齢の延長期間分の人件費を吸収しようという意図だ。

そうなるとサラリーマン人生の後半戦もますます長期化するから、そのための備えも万全にしておく必要があるのだが、前半戦は島耕作で後半戦は……とは仕事に対するノリをなかなか切り替えられないのが人情だ。

これからまだまだ長いサラリーマン人生を送るのであれば、島耕作に替わる一貫したロールモデルを探さなければならないだろう。

「共通の利害」を前提としない職場で求められる人物とは

では、これからのサラリーマンは、誰を新たなロールモデルとすればよいのだろうか。

これがプロ経営者を目指すというのであれば話は違ってくる。課長時代から部長に必要な知識やスキルを身につけつつ、まずは新規事業の立ち上げや子会社の経営などに参画する機会を社内にいながら狙っていけばよい。

また、プロ経営者を目指すという明快な自覚がなくても、やはり会社の外に目を向けておくことは大変重要だ。なぜならそのことは、サラリーマン人生を全うするための究極の武器とも関連するからだ。

筆者はシニア世代のキャリアについて、片山氏と対談した時にこんな質問をした。

「何があろうとも生き残っていけるサラリーマンとは、どんな人物ですか?」

このような質問をしたのには2つの理由があった。

1つめの理由は、氏が多くのシニア世代に対してキャリア支援をしてきたことだ。転職適齢期を過ぎても新天地で輝ける人材の特性や、サラリーマン人生の後半戦に順応することができる人材とできない人材の違いを知りたかった。

2つめの理由は氏のキャリアそのものが、紆余曲折を経て築かれたものであることを知っていたからだ。氏は日本マンパワーに入社し、40歳で役員にまで上り詰めた。しかしバブルが崩壊し、ある日突然、社長に呼び出されて降格人事を言い渡される。役員から契約社員への降格人事だ。

図16
「仕事の充実」から「人の面白さ」へ
これからのサラリーマンの望ましい姿

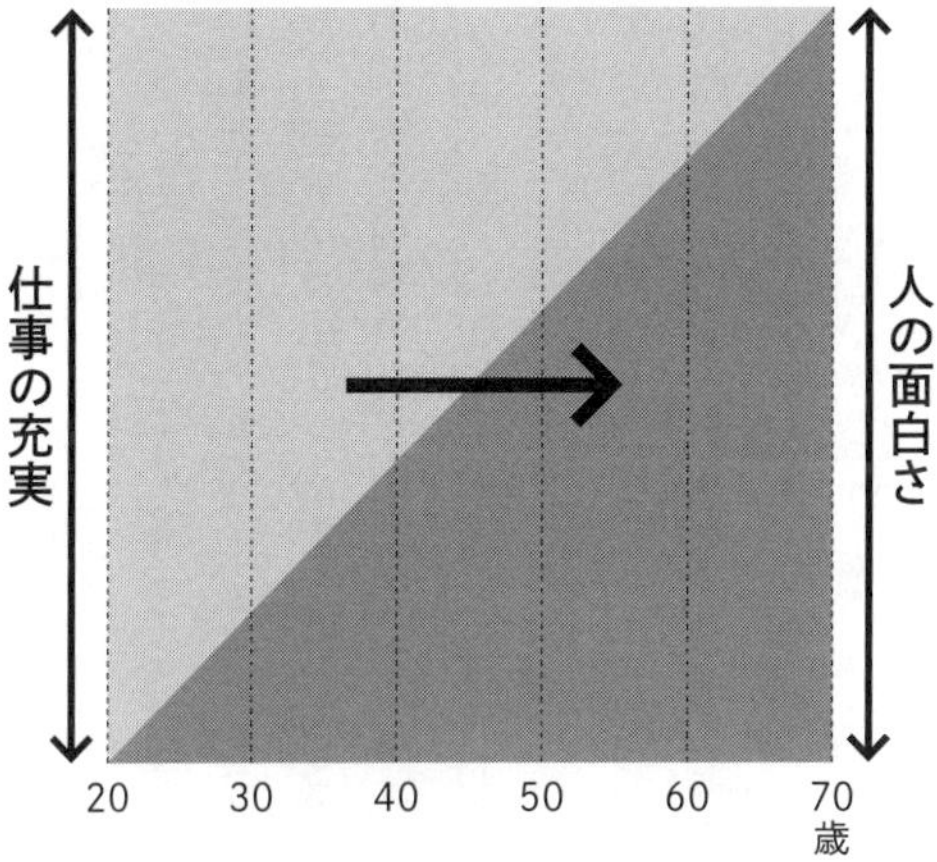

だが、氏は負けなかった。結局、同社内でシニア世代を支援する新事業を立ち上げ、役員に返り咲いたのである。

そんな氏に生き残っていけるサラリーマンの人物像を聞いたのである。そうしたら片山氏はひと言でこう答えた。

「人の面白さです」

筆者はこの答えを聞いて妙に納得してしまった。そしてさらに片山氏はこれからのサラリーマンのキャリアの望ましい姿を図で示してくれた（図16）。

なぜ社内政治にうつつを抜かしてはいけないのか

人の面白さとは、別に巧みな会話術を身

につけているということではない。

要は、共通の利害を介さずとも魅力的な人ということだ。

天国から地獄へ、そしてまた天国へと激しい浮き沈みを経験された片山氏の言葉だからこそ非常に説得力があった。契約社員に降格させられ、職場に居場所がなくなってしまった時にも、同期が飲みに連れ出してくれたのは、ひとえに片山氏が面白い人物だったからだと推察する。

共通の利害を前提とするのであれば、同期が彼に声をかけるメリットは何もなかったはずだ。なぜならその時の片山氏は、社内ではすでに終わった人物だと見なされていたのだから。それに、これほどの懲罰人事を受けた人物に声などかけたら、自分もどんなとばっちりを食うか分からないと考える者もいたに違いない。

だが氏の面白さは、芸が身を助けるように自らの身を助けたのである。

そして人の面白さは、これからの職場マネジメントを考える上で、また個人のサラリーマン人生を考える上で重要なキーワードとなる。

これまで出世していく人物は誰にでも腰が低い、優しいと述べてきたが、これも共通の利害を介さずとも魅力的な人物であるためには必要な素養だ。

また魅力的な人物のコミュニケーションとはどのようなものだろうか。もちろん勇気づけのコミュニケーション（P155参照）に軍配が上がるだろう。

さらに魅力的な人物の目線は内向きだろうか、それとも外向きだろうか。共通の利害を前提としない職場において、内向きな話に聞き耳を立てる社員は、今後ますます少なくなるだろう。

特に社内政治の話など、ゴシップとしては盛り上がるかもしれないが、多くのメンバーにとっては、そんなことより日々の生活において大切なこと、気がかりなことがたくさんあるのだ。それに、そんな話題をいくら発信してみても人の面白さ、個人の魅力は高まらない。

人の面白さは一朝一夕には身につかないのだから、社内政治にうつつを抜かしてガラパゴス化するよりは、仕事を充実させつつ個人の魅力を高める努力をしたほうが、後々自らの身を助けることになりそうだ。

釣りバカ日誌のハマちゃん+αのマネジメント

何があろうとも生き残っていけるサラリーマンとは、どんな人物ですか？　という筆者の問いに対して、片山氏は「人の面白さ」を挙げ、その例として『釣りバカ日誌』のハマちゃんを引き合いに出した。

『釣りバカ日誌』（作・やまさき十三、画・北見けんいち）はビッグコミックオリジナルという漫画雑誌に連載されており、映画化、テレビアニメ化、実写テレビドラマ化もされる。

補足をすると浜崎伝助（通称、ハマちゃん）は、鈴木建設に勤める万年ヒラ社員であり、釣りが大好きで口癖は「仕事、行きたくない」。

さすがにハマちゃんという人物名を聞いた時には、島耕作から「仕事、行きたくない」ハマちゃん？　とロールモデルのあまりの振れ幅に耳を疑った。せめて『クッキングパパ』の荒岩一味課長あたりを目指したらどうかとも内心は思った。

だがその後、よくよく話を聞いてみて、氏の言わんとする真の意味が理解できたのである。

それはキャリアの主体性を、会社から自分に取り戻せというメッセージだった。

そう考えてみれば、ハマちゃんは積極的に平社員というポジションに居座り続けているわけであるし、釣りを通じた社外の人脈も豊富だ。仕事上のビッグネームもハマちゃんを釣りの師匠と仰いでいる。ハマちゃんが務める会社の社長「スーさん」からしてそうなのだ。

確かにハマちゃんは架空の人物であるし、極端な事例でしかない。だが自らのキャリアの主体性を断固として保持するという姿勢は、これからの時代にますます求められるのではないだろうか。

戦後、教室で学ぶ小学生が親の職業を尋ねられた時、多くの生徒が自営業と答えていた時代があった。それから混乱期を潜り抜け、大企業神話が生まれて今に至るのである。だが時代は移り、企業と社員の関係も変わった。Ｓ・Ａ課長も日系の超有名な巨大企業に入社した当時には、まさか自分がリストラの憂き目にあうとは思わなかっただろう。

もともとサラリーマン人生は、順風満帆の間は、人生の選択とそのリスクの振れ幅が少なくて済むという利点があった。だが今に至り、企業戦士の薫陶を受けてきた読者もハマちゃん的なノリ＋α（組織の事情に囚われない仕事に対する純粋な情熱と技術）を許容する受け皿を持ってもよいのではないだろうか。

思い起こせば、１９９５年に『「自由と自己責任」のマネジメント』（高橋俊介著　ダイヤモンド社）という書籍が出版されたが、その当時から引き続き今日に至るまで日系企業のサラリーマンを支配してきたのは、不自由と会社（・自己）責任のマネジメントということになるのであろう。だが、これまで会社と社員の間にあったはずの暗黙の了解はもうない。会社は社員に不自由を課しながら、会社としての雇用責任を負えなくなってしまったのである。

こうして課長は重大なキャリアリスクを背負うことになった。

そんな中で、どう課長という役職を全うするのか？

これまで挙げてきたプロ課長の要件とハマちゃんの日常的な行動が驚くほどに合致しているのは、片山氏の絶妙な例えによる導きに他ならないと考える次第である。

①フォーユーの姿勢と行動
②公正さを基準化する力
③技術的なコミュニケーション
④キャリアを客観視する力
⑤変化を積極的に取り入れる力
⑥オープンさを保つ力
⑦「緑の血」でありつづける力

終わりに――自分のキャリアを〝経営〟する時代が来た

時代というものは予測したとおりにはならない。

筆者が社会に出たのは、バブルがはじけた後の就職氷河期、日本企業の終身雇用制度は崩壊したと言われていた時代だった。だが以降も日本企業は雇用維持に努めてきたし、今でも多くのサラリーマンが、はじめて就職した会社でサラリーマンとしての人生を終える。

そして、それこそがサラリーマンの本懐であると筆者も思うのだが、やはり企業と社員の関係は確実に変わってきている、これもまた時代だ。その最たるものが、企業とそこで働く社員の雇用に関する信頼関係だと思う。

もともとサラリーマンという人生のゴールは、半世紀弱にわたる壮大なドラマの最後にあったのだが、給料が上がらない、リストラされたなどさまざまな事情により、就社したはずの企業でドラマを終えることができなくなった。そして今後、途中でスピンアウトしていくサラリーマンはますます増えるであろう。

このような経営環境の変化を踏まえて筆者は、これまでの40年にわたる一編のドラマを、前編の20年と後編の20年に分けて考えたほうがよいと思うにいたった。

そして前編を終えるのは入社してから20年、課長の世代なのだ。

その後、前編の延長線上に後編のストーリーを描いてもよいし、キャストや設定をまったく変えた新たなストーリーを描いてもよい。

いずれにせよ、これからは自分のキャリアを自ら〝経営〟する時代が来たと筆者は考えている。

これは職業人として生涯にわたり、どうカネを稼ぎ続けていくかということなのだが、そこにはサラリーマンであり続けるという選択肢も当然に含まれている。

だが、引き続きサラリーマンという働き方を選択するにしても、従来の環境下にあったサラリーマンとは明らかに違う意識で働かなければならない。それはどんな意識づけか？

キャリアの主体性は企業の側にではなく、自分の側にあると認識を持つことだ。

これは経営という観点に置き換えてみると分かりやすいだろう。主体性のない経営というものは通常あり得ないからだ。

また、サラリーマンはキャリアの主体性を取り戻すことで、勤める企業との関係も職場のメンバーとの関係も良好になるはずだ。企業にしても職場のメンバーにしても、自分のキャリアを経営する上ではお客さまなのである。

ちなみに今回、出世していくサラリーマンは誰に対しても分け隔てなく接する、気を遣う、優しいと書いたが、この態度はある意味当然であるといえる。彼らはどこかで自分のキャリア経営をうまくいかせるための条件を自覚し、お客さまに分け隔てなく親切に接することで、評判という対価を蓄積していたのだ。

いずれにせよ、自分のキャリアは自分で経営するという自覚を持てば、サラリーマンという働き方に対する認識も一変するであろうし、キャリアの後編のストーリーに多大な影響を与える課長が、いかに大切な時期かがお分かりいただけることだろう。本書はそんな課長がこれからの職場をマネジメントしていくために、また自分のキャリアを自覚的に切り開いていくために必要なスキルを書いた。本書で述べたこれからの職場環境に対する見通しや課長に求められるスキルが、職場のマネジメントに関わる読者の一助となれば何より幸いである。

最後に、いつも人事コンサルタントの先輩としてお世話になっているセレクションアンドバリエーション株式会社　平康慶浩様、人財育成やフォーユー精神について示唆に富むアドバイスをくださった株式会社人財育成ＪＡＰＡＮ　永松茂久様・遠藤励子様、異性間のコミュニケーション、その難しさについてざっくばらんに教えてくださった株式会社プレジデント社　藤岡郷子様、課長という広範で難しいテーマにつきディスカッションさせていただいた人・ヒト問題研究会のメンバーである株式会社日本マンパワー　片山繁載様、全国産業人能力開発団体連合会　坂口敦様、株式会社チェンジ　高橋範光様、首都大学東京大学院　西村孝史様、株式会社iTiD Consulting　星野雄一様、全研本社株式会社　油浅健一様（氏名・あいうえお順）に感謝の意を述べたい。特に片山様はラジオ番組でも対談させていただき、その内容等も本書で紹介している。また日本経済新聞出版社　長澤香絵様は本執筆の担当として原稿につき丁寧にアドバイスをしてくださった。彼女が担当でなければ、本書はこのような完成度にはならなかったであろう。厚く御礼申し上げたい。

そしてS・A課長、本書を執筆中に突然送られてきたメールを受け取ることで、良い意味で執筆の方向性が変わった。あわせて厚く御礼申し上げたい。ちなみにその後のS・A課長であるが、本書の最終的な校正作業が終わり、筆者の手から完全に離れる直前に、リストラが終結して身分が保障されたという報告を受けて、胸が熱くなった。

本書は彼のキャリアにおける、あるドラマとともに始まり、そして終えることができてとても嬉しく思う。また両親と兄妹、すべての原稿に目を通し最初のアドバイスをくれた妻・真紀、小さいながら執筆に協力してくれた息子・陽稀に感謝している。

この本を手に取り、最後までお付き合いくださった読者のみなさまに感謝している。みなさまのキャリアがますます素晴しいものであるように願ってやまない。

２０１６年2月

新井健一

新井健一　あらい・けんいち

経営コンサルタント、アジア・ひと・しくみ研究所代表取締役。１９７２年神奈川県生まれ。早稲田大学政治経済学部卒業後、大手重機械メーカー、アーサーアンダーセン（現ＫＰＭＧ）、同ビジネススクール責任者、医療・ＩＴ系ベンチャー企業役員を経て独立。大企業向けの人事コンサルティングから起業支援までコンサルティング・セミナーを展開。著書に『儲けの極意はすべて「質屋」に詰まっている』、『じつは入社時点であなたのキャリアパスはほぼ会社によって決められていますが、それでも幸せなビジネスライフの送り方を提案しましょう。』。

日経プレミアシリーズ｜300

いらない課《か》長《ちょう》、すごい課《か》長《ちょう》

二〇一六年三月　八 日　一刷
二〇一六年四月一五日　四刷

著者　新井健一
発行者　斎藤修一
発行所　日本経済新聞出版社
http://www.nikkeibook.com/
東京都千代田区大手町一―三―七　〒一〇〇―八〇六六
電話（〇三）三二七〇―〇二五一（代）
装幀　ベターデイズ
組版　マーリンクレイン
印刷・製本　凸版印刷株式会社

ISBN 978-4-532-26300-3　Printed in Japan

日経プレミアシリーズ265

出世する人は人事評価を気にしない

平康慶浩

仕事が速くて正確、率先して業績を上げる、周囲の信頼も篤い……人事考課で高い評価を得る人が、なぜ会社の中で冷や飯を食うことになるのか？　「使う側」と「使われる側」の壁を理解することで、組織におけるキャリアの本質は見えてくる。人事評価の本当の意味と昇進のしくみを紹介、会社員のキャリアの築き方を指南する。

日経プレミアシリーズ295

出世する人は一次会だけ参加します

平康慶浩

飲み会に参加するか断るか、転勤に応じるか家庭を優先させるか、人事面談で成果をアピールするか否か——「出世する人の選択」には、それぞれの企業タイプに応じた、ある法則性があった！　人事のプロフェッショナルが、働き方のルールが変わるこれからの時代を踏まえ、すべての会社員にキャリアの築き方をアドバイスする。

日経プレミアシリーズ122

人事部は見ている。

楠木新

人事評価や異動は、実務ベースではどう決まっているのか——。一般社員がなかなか知ることのできない「会社人事のメカニズム」「人事部の本当の仕事」などを、大手企業で人事に携わった著者が、自身の経験と人事担当者への取材をもとに包み隠さず書き尽くす。

日経プレミアシリーズ 273

知らないと危ない、会社の裏ルール

楠木 新

終身雇用・年功序列は終わったと言われても、日本の組織、会社は劇的には変わらない。「懲戒処分より恐ろしい仲間はずれ」「永久に不滅の親分―子分構造」「組織を動かすボタンの場所と押し方」――。円滑に仕事を進めるために、誰もが知っておくべき、一般の経営書が教えてくれない本当の組織論。

日経プレミアシリーズ 278

残念なエリート

山崎将志

かつての秀才がぱっとしない社員になるのはなぜ？ 高学歴ホワイトカラーだからこそ陥りやすいビジネスの落とし穴がある。コストコのマジック、経営者から見た給料の決まり方などのエピソードとともに、〝エリート〟のブラインド・スポットを指摘し、残念脱却のヒントを説く。

日経プレミアシリーズ 261

不祥事は、誰が起こすのか

植村修一

正論より「大人の事情」が優先される、ミス発生に過剰なプレッシャーをかける、しがらみ構造が存在する……。不祥事を起こしやすい組織には共通の「文化」がある。そもそも不祥事とは何か、なぜ起こるのか、どう防ぐのか。多くの事例を紹介しながら、元日銀マンが自身の経験も踏まえ、徹底解剖する。

日経プレミアシリーズ152

会社人生は「評判」で決まる

相原孝夫

ある企業の無役職の社員について人事部いわく、「あの人は、評価はともかく、評判が……」。組織内における「評判」とは何か、どう作用するのか、高め、維持するにはどうすべきか。多くの企業人事を見てきたコンサルタントが具体例を踏まえ、わかりやすく解説する。

日経プレミアシリーズ171

会社で不幸になる人、ならない人

本田直之

会社員時代から経営者までの20年間、ビジネス界でいろいろな会社員を見てきた、累計200万部のベストセラー著者が、不幸になる会社員の共通点に気づいた。私たちがついつい陥りがちな常識の勘違いを解説するとともに、過去型の、管理され、つらさと引き換えの昇進・昇給といった幸せではなく、自由で、楽しく、幸せなライフスタイルで働く会社員への道を伝授する。

日経プレミアシリーズ235

無茶振りの技術

高城幸司

限られた時間と人員で成果を出さなければいけないビジネスの場面では、仕事を1人でこなそうとするのは自己満足でしかない。「振るべき仕事」とは何か。なぜあの人からの仕事は腹が立つのか。相手に「やらされ感」を与えないテクニックとは。――あらゆるビジネスパーソンが知っておくべき仕事の基本を、明快に解説する。